Verstehst Du mein Problem?

Verstehst Du mein Problem?

Pater Georg Sporschill
antwortet jungen Menschen

Herder Freiburg · Basel · Wien

Veröffentlichung des Ludwig-Boltzmann-Instituts
für Präventiv- und Rehabilitationspsychologie
im Jugendalter, Wien.

Herstellung: Freiburger Graphische Betriebe 1988
ISBN 3-451-21095-9

Inhalt

Lieber Freund!

Du findest in diesem Buch Briefe der Freundschaft. Ich habe Freunde, mit denen ich oft zusammen bin und über Gott und die Welt rede, eingeladen, ihr „Problem" in einem Brief niederzuschreiben. Sie teilen mit mir und jetzt auch mit Dir sehr persönliche Erfahrungen und Fragen, wie junge Menschen sie haben. Wenn Du die Briefe liest, hoffe ich, daß Du vom Wichtigsten berührt wirst, von der Freundschaft und vom Vertrauen, das hinter allen Zeilen steht.

Die Briefe sind ungeschminkt, so, wie ich sie bekommen habe. Nur was zu persönlich oder indiskret wäre, habe ich im Buch weggelassen und die Namen verändert. Du kannst sie auch nur als Freund lesen. Dann findest Du vielleicht Dich selbst und Deine Fragen wieder. Mir ist es so gegangen. Ich habe in den Briefen, die von sogenannten braven oder bewahrten Jugendlichen geschrieben wurden, sogar die Probleme der schwierigen und ausgestoßenen Jugendlichen wiedergefunden, mit denen ich in einem Jugendhaus der Caritas zusammenlebe und arbeite. Die obdachlosen Jugendlichen, die in unser Haus aufgenommen werden, hatten dieselben Schwierigkeiten und sind an ihnen gescheitert, weil sie eine dünnere Haut haben oder nicht den Schutz der Familie. Sie sind sprachlos. Andere haben für sie in diesem Buch die

Fragen und Verletzungen ausgedrückt. Unterschiedlich ist nur die Intensität des Erlebens und die äußere oder innere Bewältigung. Bei allen aber ist eine Sehnsucht nach Gemeinschaft und Vertrauen.

Die Briefe sind sehr zufällig nach Gesprächen der Freundschaft entstanden. Trotzdem finde ich darin die wichtigsten Themen unseres Glaubens wieder. Deshalb habe ich den Briefen in einer freien Form die Zehn Gebote beigefügt, die Lebensfelder, für die uns Gott Weisungen gegeben hat. Denn Gott will uns aus jeder Knechtschaft befreien und zu einem Leben der Liebe führen. Nichts anderes suchen meine Freunde, wenn sie fragen: Wie kann die Beziehung zu Gott erlebnishafter werden? Was kann ich tun, um wieder beten zu lernen? Woher haben wir das Recht, Sekten zu verurteilen? Was ist meine Berufung? Wie werde ich mit der Schuld fertig? Wie halte ich die Trennung aus? Wie komme ich mit meinen Eltern zurecht? Ich kann mit der Kirche nichts mehr anfangen.

Ich habe versucht, die Fragen als Priester zu beantworten. Ich weiß, daß die Fragen wichtiger sind als die Antworten. Die Fragen sind ein Zeugnis der Suche nach Größerem, nach Gott. Sie sind ein Zeugnis des Glaubens, das ich von meinen Freunden empfange und gerne weitergebe.

Dieses Buch ist eine Veröffentlichung des Ludwig Boltzmann Institutes, dessen Aufgabe meinem Anliegen entspricht: jungen Menschen zu helfen und sie zu Mitarbeitern an einer versöhnten und glücklichen Welt zu machen.

A-1080 Wien
Blindengasse 44

Pater Georg Sporschill SJ

Liebe Christiane!

Du hast mir einen sehr persönlichen Brief geschrieben. Ich weiß, wie schwer es ist, über Elternprobleme zu sprechen, weil sie jeden Menschen so tief betreffen. Ich glaube, es wird für Dich zum Segen, daß Du den Mut hast, Dich mit Deiner Beziehung zur Mutter so klar auseinanderzusetzen. Du schreibst: „Das Problem ist meine Mutter", genauer müßte man wohl sagen: Das Problem ist Eure Beziehung oder, noch besser, Deine Beziehung zur Mutter. Wenn ich Dich nicht persönlich kennen würde, würde ich allein durch Deinen Brief eine Ähnlichkeit mit Deiner Mutter bemerken. Du bist auch eine intelligente junge Frau, die scharf und klar denkt, wie Du das von Deiner Mutter schreibst. Es hat einen großen Wert, daß Du Dein momentanes Problem so genau erfassen und darlegen kannst, wie Du es mit der Pullovergeschichte getan hast. So gibst Du mir jetzt eine Chance, dazu etwas zu sagen.

Entscheidend ist Deine Entdeckung, wie ähnlich Du Deiner Mutter bist. Nichts anderes möchte ich auf Dein Problem antworten. Ja, die Mutter ist in Dir. Diese Entdeckung eröffnet Dir den Weg in die Zukunft und gibt Dir Freiheit. Eine Freiheit, die echt und realistisch ist und nicht utopisch oder naiv und sich so als Weg in die weitere Unfreiheit erweisen würde. Solange Menschen sagen: „Ich möchte einmal ganz anders als meine Eltern werden", oder: „Ich bin ganz anders als mein Vater oder meine Mutter", so lange nehmen sie ihre Freiheit und ihre positiven Entwicklungschancen nicht wahr. Oft genug beobachte ich, wie junge Erwachsene schon die Fehler ihrer Eltern reproduzieren und sogar verstärken, solange sie die Ähnlichkeit nicht erkennen. Du aber weißt, womit Du rechnen mußt und woran Du zu arbeiten hast. Du weißt auch um Deine Kräfte. Du bist auch stark, nicht nur Deine Mutter. Daraus folgen zwei Schritte, die Dich jetzt weiterbringen können.

Der erste Schritt ist die Dankbarkeit. Du weißt, daß Du eine starke Mutter hast, die sich für Euch ganz hingegeben hat. Wichtig erscheint mir, daß Du diesen Punkt für sich betrachtest. Du weißt, wie wenig selbstverständlich dieses Geschenk ist. Eine so gute Mutter zu haben, das erklärt Deine Lebenskräfte, auch Deine Kraft zur Auseinandersetzung und den Willen, selbständig und erwachsen zu werden. Es macht auch Deine großen Begabungen verständlich. Ich möchte Dir auf jeden Fall raten, oft und gerade in der jetzigen Situation die Dankbarkeit zu einer Übung für Dich zu machen, damit Dir bewußt wird, wieviel Glück und Gnade dazu gehören, daß Du diese Mutter hast. Noch leichter wird Dir diese Übung gelingen, wenn Du Dich mit anderen vergleichst, die Dein Glück nicht haben. Nur in der Haltung der Dankbarkeit kannst Du in rechter Weise mit Deinen schmerzlichen Problemen, die Dich wütend machen, umgehen lernen. Andernfalls machst Du Dich durch alles, was Du tust und sagst, noch mehr von Deiner Mutter abhängig und tust ihr Unrecht.

Im zweiten Schritt kannst Du die Schwächen Deiner Mutter sehen. Das bedeutet für Dich allerdings eine Veränderung. Du mußt das Bild von der Mutter, „die so stark ist", abbauen. Sonst kommst Du aus der Ablehnung und totalen Kritik nicht heraus. Die Mutter wird nie Deinem kindlich-idealistischen Mutterbild entsprechen können, Du überforderst sie. Als erwachsene Tochter kannst Du auch ihre Schwächen sehen und sie als Mensch annehmen lernen. Das ist Liebe. In diesem Annehmen wird sich die Liebe zur Mutter und die Liebe zu Dir selbst verbinden. Mit den Psychologen gesprochen: Es ist Zeit, daß Du die Überidentifikation auflöst! Das ist die schmerzhafte, aber notwendige Lösung, in der Du jetzt stehst. Ich erinnere mich gut an eine solche Loslösung in meinem eigenen Leben. Bei mir war es der Vater, mit dem ich zu kämpfen hatte. Als ich – etwa in Deinem Alter – zum ersten Mal meinem Vater nicht mehr mit Vorwürfen begegnet bin, sondern mit dem Versuch, ihm zu danken für seine Hingabe an die Familie und für all seinen Einsatz, konnte ich ihm anders begegnen. Plötzlich erschienen mir die Konfliktpunkte und die Fehler des Vaters als zweitrangig. Ich habe mich gewundert, warum ich bisher nur diese kleinen Punkte gesehen hatte. Mein Blick hat sich geweitet, das konnte ich in diesem Gespräch spüren. Noch etwas Überraschendes ist geschehen. Jetzt hat der Vater selbst seine Probleme ausgesprochen und ich konnte ihn auch darin annehmen. Es war ein glückliches Gespräch, das uns beiden für den weiteren Weg viel Kraft gegeben hat. Natürlich ging der Weg weiter bis zum heutigen Tag, und er wird weitergehen bis zu meinem eigenen Tod. Das Gebot, die Eltern zu ehren, ist eine lebenslange Aufgabe. In der Religion und im Volk Jesu gilt dies als das schwerste Gebot, an das deshalb bewußt die Verheißung geknüpft ist: dann wirst du lange leben und es wird dir wohl ergehen auf Erden.

Was soll ich Dir nun konkret raten? Es könnte schon sein, daß in dieser Phase eine größere Distanz eine wichtige Hilfe wäre – immer unter der Voraussetzung, daß Du nicht vergißt, daß das Problem in Dir und nicht bei Deiner Mutter liegt. Vielleicht gelingt es Dir doch, von zu Hause auszuziehen, auch wenn dies mit äußeren Einschränkungen und neuen Mühen verbunden ist. Das kann für Dich eine wichtige Erfahrung werden und Deine Dankbarkeit für alles, was Du von Deinen Eltern empfangen hast, fördern. Entscheidend ist im Augenblick, daß Du Dich verstärkt Deinen Berufs- und Studienaufgaben zuwendest. Dadurch wirst Du Eigenständigkeit gewinnen. Du wirst einen positiven Weg gehen und nicht einen negativen Weg, bei dem am Schluß nichts mehr übrigbleibt, bei dem vielleicht sogar die Beziehung zu Deiner Mutter gefährdet wird. Was ich mir allerdings nicht leicht vorstellen kann. Eine so behütete Lebens- und Familiengeschichte, wie Du sie hast, ist sehr stabil und tragfähig. Damit kannst Du rechnen, wenn auch nicht spielen. Denselben Rat möchte ich Dir im Blick auf Deine Freunde und Kollegen geben. Diese Beziehungen mußt Du jetzt besonders ernst nehmen und pflegen, weil sie Dich Deinen Eltern gegenüber erwachsen und selbständig machen. Auch das ist ein positiver Weg. Hast Du schon einmal überlegt, Dich in einer Jugendgruppe zu engagieren? Du hast die Gaben, für andere etwas zu tun und Deinen Freunden in Problemen zu helfen, gerade weil Du Dich so ehrlich und tiefgreifend mit Deiner Lebensgeschichte auseinandersetzt. Ich meine damit qualifizierte Jugendgruppen, wie es sie in der Friedensbewegung, in sozialen Werken, in christlichen Gemeinden und auch in der Politik gibt. Wenn Du Dich jetzt verstärkt für gute und ernsthafte Ziele einsetzt, wirst Du mit tiefen und echten Freundschaften beschenkt werden. Mit einem Bild gesagt: Der Kampf um die Selbständigkeit entscheidet sich jetzt weniger in der unmittelbaren Auseinandersetzung mit Deiner Mutter, sondern mehr auf Nebenschauplätzen wie etwa im Beruf, in Freundschaften und im sozialen Engagement. Der

Friede mit Deiner Mutter wird sich daraus gleichsam automatisch ergeben.

Du bist auf einem guten Weg, und die Schritte, die Du jetzt machst, sind entscheidend. Nicht zufällig endet unser Altes Testament mit einer überraschenden Aussage über den großen Tag, an dem der Herr kommt: Da wird der Prophet Elija das Herz der Eltern wieder den Kindern zuwenden und das Herz der Kinder wieder den Eltern (vgl. Maleachi 3,23f). Das heißt für Dich: Mit dem Problem und dem Ringen um die Beziehung zu Deiner Mutter lebst Du diesem Tag entgegen. Du bereitest Dich für das Kommen des Herrn, der jetzt schon als Friedensstifter und Heiland in Dein Leben tritt. Ich freue mich schon darauf, von Dir solche Erfahrungen zu hören.

Dein Georg

Beten

Mir fällt nichts mehr ein

Lieber Georg,

ich weiß nicht, woran es liegt, was schuld ist an diesem eigenartigen Zustand. Ich weiß nur, daß es so ist, und ich empfinde es als bedrückend: Ich kann nicht mehr beten. Vielleicht, ja sogar wahrscheinlich, habe ich es nie richtig gekonnt. Das Gefühl, ein echtes Zwiegespräch mit Gott zu führen, habe ich nur ganz selten gehabt, wenn ich gebetet habe – auch früher, als ich geglaubt habe, mein „Glaubensleben" sei halbwegs in Ordnung. Aber jetzt geht das Beten gar nicht mehr. Wenn ich überhaupt mal versuche anzufangen, bin ich nach einer Minute in Gedanken ganz woanders, ich kann mich nicht konzentrieren auf das Gespräch mit Gott. Oft vermag ich auch gar nicht mehr als ein oder zwei Sätze zu sagen. Mir fällt nichts mehr ein. Wann diese Unfähigkeit genau angefangen hat, kann ich nicht mehr sagen.

Vor eineinhalb Jahren jedoch ist mein Vater nach kurzer Krankheit relativ jung gestorben. Ich habe sehr viel gebetet damals vor und kurz nach seinem Tod. Und ich hatte das Gefühl, dieses Gebet wird gehört, geht nicht ins Leere, hat einen Sinn. Ein paar Monate später habe ich dann gespürt, es stimmt irgend etwas nicht mehr; und eines Tages konnte ich überhaupt nicht mehr beten.

Nun ist es das nicht allein: Heute fällt es mir auch oft schwer, sonntags in die Kirche zu gehen. Ich tue es, aber widerwillig. In der Bibel lese ich gar nicht mehr, das habe ich früher häufig und sehr gerne getan. Ich weiß nicht, ob das Nicht-Beten-Können Ausdruck oder Ursache meiner gestörten Beziehung zu Gott ist. Oder ob dies alles mit dem Tod meines Vaters zusammenhängt: Protest oder Zorn gegenüber Gott, weil er, der Allmächtige, nicht geholfen hat? Ich weiß es wirklich nicht.

Aber vielleicht, lieber Georg, kannst Du mir helfen, kannst mir sagen, was ich tun könnte, um (wieder) beten zu lernen. Ich spüre, ich bin sehr unzufrieden so.

Alles Liebe, *Wolfgang*

Lieber Wolfgang!

Du hast mir Deine Not mit dem Beten und dem Leben aus dem Glauben mitteilen können, und dafür danke ich Dir. Du hast ein Glaubenszeugnis abgelegt. Dein Brief ist das Zeugnis eines Menschen, der mit Gott ringt und nicht aufgegeben hat, ihn zu suchen. Ich möchte mit Dir um eine Antwort ringen und Dir auch einige Ratschläge geben, wie Du das Beten wieder erlernen kannst.

Du schreibst, vielleicht ist es der Protest oder Zorn gegenüber Gott, dem Allmächtigen, der Deinem Vater nicht geholfen hat, sondern ihn hat sterben lassen. Ich glaube an Gott, den Allmächtigen – so beten wir zu Beginn des Glaubensbekenntnisses. Das ist ein großes Wort, das einem schwer über die Lippen geht, besonders in einer Situation, wie Du sie jetzt erlebst. Gottes Allmacht ist ein Geheimnis, das jetzt Deinen Verstand und Dein Herz überfordert. Vielleicht ist es jetzt die Zeit, wo sich Dir noch eine andere Wahrheit erschließt: daß Gott

Bundespartner sein will. Seine Allmacht ist dadurch gebrochen und in unser Leben hineinvermittelt, daß er sich uns schenken will. Er gibt sich hin für uns und wartet nun auf die liebende Antwort des Menschen, den er zu seinem Du auserwählt hat. Das schönste Bild dafür kommt aus der biblischen Mystik, wo sich Gott als Bräutigam bezeichnet und den Menschen als seine Braut. Lies einmal im Alten Testament das Hohelied. Es ist ein dramatisches und wohl das schönste Liebeslied, das von der Beziehung Gottes mit den Menschen handelt. Es mag Dich spüren lassen, wie Gott um Deine Liebe wirbt, wie er Dich gerade im Leid begleitet und Dir nahe sein will. Ich glaube fest, daß Dir Gott gerade jetzt näher kommen möchte. Aus Deiner eigenen Erfahrung mit der Liebe weißt Du, daß es ein konfliktreiches Miteinander ist, das Dir und mir von Gott auferlegt wurde.

Du hast eine intensive Beziehung zu Deinem Vater, er war – wie ich weiß – eine starke Autorität. Diese überträgt sich sicherlich auf Deine Beziehung zu Gott. Es scheint mir, daß sich jetzt nach dem Tod Deines Vaters die Beziehung wie eine erdrückende Last auf Dich legt. Aber es ist eine Last, die Du verwandeln sollst zu einem Reichtum, den Du an andere weitergibst. Du bist in die Freiheit gerufen. Du sollst so, wie Du bist, ein Partner sein. Du kannst in den Dialog mit Gott treten und ihm all Deine Gefühle sagen. Für mich war es eine Hilfe zu sehen, daß Jesus auch Worte aus den Psalmen gebetet hat, die ein Notschrei und eine Anklage sind, wenn er am Kreuz schreit: „Mein Gott, mein Gott, warum hast Du mich verlassen!" Wie kann bei Dir ein solcher Umschwung im Beten geschehen? Ich glaube, indem Du jetzt Gott all das, was Dich bewegt, in Deiner Ehrlichkeit sagst: die Anklage, die Hoffnungen, die Ängste, die Sehnsüchte. Ich wünsche Dir diesen Umschwung, indem Du zunächst wie Ijob an Gott auch Deine Anklage richtest.

In diesem Umbruch in der Gottesbeziehung möchte ich Dir jetzt einige Tips zum Beten geben. Der erste: Beten kann man nicht immer allein – es führt immer hin zur Gemeinschaft. Natürlich ist das einsame Gebet genauso notwendig wie das in der Gemeinschaft. Aber ich vermute, jedes allein für sich ist meist zum Absterben verurteilt. Ähnlich wie die Liebe zum Nächsten die Selbstliebe voraussetzt und umgekehrt, ist es auch beim Gebet. Vielleicht müßtest Du gerade jetzt die Gebetsgemeinschaft suchen. Würdest Du dich trauen, Deinen Mitstudenten, mit denen Du lebst, einen solchen Vorschlag zu machen? Oder Du schließt Dich einer Gebetsgruppe an, die sich finden läßt.

Der zweite: Wie in jeder Liebesbeziehung ist auch in der Beziehung zu Gott das Lernen und das Üben wichtig, wichtiger als das Handeln einfach aus dem Gefühl heraus. Unsere Tradition bietet Dir dafür viele Vorschläge. Einfach ist das Jesusgebet, in dem Du auf den Herrn schaust und einen Satz betend immer wieder sprichst: Jesus, Sohn Gottes, erbarme Dich meiner. Eine große und lebensnahe Hilfe sind die Psalmen, in denen sich Menschen mit all ihren Nöten und Sorgen vor Gott gestellt haben. Welches ist Dein Lieblingspsalm? Lerne ihn auswendig, so wird der Gebetsschatz in Dir wachsen und in entscheidenden Situationen zum Tragen kommen. Du wirst überraschend Ermutigung bekommen. Vielleicht wirst Du auch kritisch zu den Gefühlen, die Dich niederdrücken oder fesseln wollen.

Ein dritter Tip ist das Stoßgebet, eine einfache Übung während des Tages, in der es auf die Häufigkeit oder die Treue ankommt. Mit einem kurzen Satz, den Du mit der

Situation verbindest, in der Du gerade stehst, kannst Du Dich nach Gott ausstrecken, ihn preisen, ihm danken, klagen oder auch fluchen. „Mein Jesus Barmherzigkeit, Jesus hilf mir, danke, ich möchte Dich lieben, mein Gott ..."

Als viertes möchte ich Dir noch die wichtigste Hilfe geben: das Vaterunser. Das Vaterunser, das Du kannst. Darin hat Jesus sein ganzes Beten zusammengefaßt. Es kann alle Dimensionen der Gottesbeziehung zum Klingen bringen. Achte beim Sprechen darauf, welche Worte Dich berühren. Vielleicht ist es gut, da etwas zu verweilen, sie zu wiederholen, ihre Botschaft zu genießen. Für uns Christen ist es wichtig, zum Vaterunser eine tief innerliche Beziehung zu bekommen. Denn Jesus hat gesagt, so sollt ihr beten. Martin Luther soll gesagt haben, daß es genügt, wenn der Christ nur dieses eine Gebet kennt. Von mir und vielen anderen weiß ich, daß das Vaterunser der härteste Kern unseres Betens ist, der auch Jahre der Trockenheit und Entfernung überdauert und uns mit Gott in Beziehung hält.

Lieber Wolfgang, wir alle müssen auch im Gebet wachsen und erwachsen werden. Dies geschieht durch das eigene Tun, in einer gewissen Unabhängigkeit von den Gefühlen, indem wir auch und gerade in der Dunkelheit auf das Beten vertrauen. Indem wir es einfach tun. Erwachsen werden heißt Gott nicht mehr als den anzuschauen, von dem mir andere erzählt haben und der mir als Bild eingeprägt worden ist, sondern als den, der mir begegnet, der mich ruft und braucht. An diesem Punkt wird das Gebet befreiend und manchmal auch leicht. Da spürst Du dann eine innere Dynamik, die Dich ganz erfaßt.

Lieber Wolfgang, ich fühle mich Dir tief verbunden

im Ringen mit Gott. Weil ich Dir so nahe sein mag, bete ich darum, daß Du dieses Ringen nie aufgibst. Für mich ist es wichtig zu wissen, daß „Israel" heißt: „Mit Gott ringen". Das ist ein Name, eine Berufung. Dein Name, Deine Berufung? Die theologische Auseinandersetzung mit Gott ist für Dich jetzt wichtiger als der Glaube an den Allmächtigen. Diese Auseinandersetzung ist jetzt eng verknüpft mit Deiner Entscheidung, aktiv nach einer Gemeinschaft, nach einer Freundin, nach einem Freund zu suchen, bei denen Du ganz selber sein kannst, mit denen Du Deine Sehnsucht teilst. Suche die Gemeinschaft, in der Du Deine höchsten Fähigkeiten, die in Dir sind, entfalten kannst: nämlich Gott zu loben, aus dem Dank zu leben, aus der Hoffnung, die in der Bitte und in der Fürbitte für alles Leid zum Ausdruck kommt. Du wirst auf diesem Weg vielleicht unzufrieden bleiben, die Unzufriedenheit aber als ständiges Weiterstreben erfahren. Es ist eine Unzufriedenheit, die von einem Glücks- oder Sinngefühl getragen ist. Alles Liebe!

Dein Georg

Randgruppen

Ich möchte helfen

Lieber Pater Georg,

ganz zu Beginn möchte ich Dir schreiben, daß ich Gott sehr, sehr dankbar bin, denn er hat mich in den neunzehn Jahren meines Lebens reich beschenkt. Nicht zuletzt durch die große Liebe, die ich in meiner Familie und in meinem Freundeskreis erfahren habe. Ich habe, so glaube ich, immer wieder die Chance bekommen zu lernen, mein Leben zu gestalten, mit meinen Problemen umzugehen. Und ich empfinde diese Chance als wirkliches Geschenk, vor allem wenn ich sehe, wie Menschen, so zum Beispiel viele junge Männer aus Deinem Heim, in dem Du ja jugendlichen Obdachlosen die Möglichkeit gibst zu wohnen, diese Chance oft gar nicht gehabt haben, weil ihre Familienverhältnisse, ihre finanzielle Situation, ihre Ausbildung, die Beziehungslosigkeit in der Familie, die fehlende Liebe und die so notwendigen Erfolgserlebnisse gefehlt haben.

Menschen mit diesem Schicksal kommen meist aus einer mir fremden sozialen Schicht. Sie kommem aus einem, wie es die Gesellschaft so wertend ausdrückt, niedrigeren Milieu. Und was mich so sehr berührt, ich will fast sagen, bekümmert, ist, daß ich die Brücke zu diesen Schichten, zu diesen Menschen nicht finde. Schon von meiner Erziehung her bin ich fast nie mit Menschen dieser Schichten in Berührung gekommen. Ich habe nie gelernt, sie wirklich zu verstehen, mit ihnen umzugehen, und doch wäre mir das sehr wichtig. Oft aber bezweifle ich, daß ich es wagen könnte, aus eigener Kraft, mit eigenem Mut, den Schritt heraus aus der Sicherheit meines jetzigen Lebensraumes zu tun. Ich bin ja so eingebettet in die Familie. In der Pfarrjugend bin ich engagiert. Ich habe die Möglichkeit zu studieren, wodurch ich auch nicht gerade „den anderen" kennenlerne. Und wenn ich mich schon „sozial" engagiere, dann in einem mir zugänglichen Milieu (z. B. Altersheim).

Und das macht mir Kummer. Denn ich merke, daß mein Verhalten oft gar nicht meinen Idealvorstellungen entspricht. Wenn zum Beispiel Bettler bei uns anläuten oder Leute um Arbeit bitten, gebe ich ihnen einen Geldschein oder sage: „Danke, wir sind genug Kinder im Haus und Garten, die zusammenhelfen!" Ja, ich weise sie letztlich ab, gebe dem, der mich um Hilfe bittet, keine wirkliche Hilfe, lasse Mißtrauen und Unsicherheit stärker werden als den Glauben an meinen christlichen Auftrag.

Hie und da vertröste ich mich dann auf später und denke: Wenn ich nicht mehr finanziell von meinen Eltern abhängig bin oder wenn ich einmal Ärztin bin, dann kann ich anfangen, Armen und am Rande der Gesellschaft stehenden Menschen näherzukommen, ihnen vielleicht sogar zu helfen, wenn ich dies überhaupt kann. Doch dieses „Verschieben auf später" kann keine wirkliche Lösung sein. Es ist keine Frage des Zeitpunktes, sondern des Mutes und der Einstellung. So eigenartig dies vielleicht klingt, lieber Pater Georg, aber ich würde Dich gerne fragen, wieso ich es bisher noch nicht geschafft habe, meinen Wunsch in die Tat umzusetzen.

Maria

Liebe Maria!

Sehr herzlich möchte ich Dir danken für die Offenheit, die Du mir in Deinem Brief entgegenbringst. Die Haltung, in der Du zu Deinen Mitmenschen stehst, die – wie Du sagst – aus einer Dir fremden sozialen Schicht stammen, bezeugt ein besonders feines Gespür für Barrieren und Grenzen, denen Du Dich ausgesetzt fühlst. Deine Unzufriedenheit mit der Situation, in der Du Dich nicht imstande fühlst einem Bettler gegenüberzutreten, erweckt in mir eine besondere Freude, denn diese Unzufriedenheit ist Deine eigentliche Chance. In ihr steckt die Kraft, Neues zu lernen und Grenzen zu überschreiten. Vielleicht kann ich Dir ein paar Hilfen geben, um diese Kräfte in Dir zu wecken. Dein Mut wird stark werden, wenn Du einen Blick für Dich und für die anderen gewinnst.

Ausgangspunkt muß *der Blick auf Dein Glück* sein. Schau auf das Glück, hüte Dir Deine Dankbarkeit darüber, daß Du in einer Familie aufgewachsen bist, die Dir die Kraft und Möglichkeit bietet, in Ruhe zu lernen und zu studieren. Wenn Du Deinen Blick auf Notleidende lenkst, wird Dir Deine Dankbarkeit noch bewußter, und Du kannst so lernen, Deine Gaben und Begabungen zu sehen und sie sinnvoll einzusetzen. Begabungen sind dann ein Glück, wenn man sie erkennt und verschenken kann. So bringen sie Frucht und wachsen dadurch noch einmal, wodurch einem Sinn und Lebensfreude geschenkt werden. Eine Begabung, die nicht als Geschenk verstanden und empfunden wird, verleitet einen zu Stolz und Überheblichkeit, und schnell macht sich Überdruß breit. Du bist sehr stark und kannst diese Stärke auf andere übertragen, indem Du mit ihnen ein

Wagnis eingehst. Du hast die Kraft und den Halt, auf andere zuzugehen und ihnen Deine Hilfe anzubieten. Es handelt sich um kleine Schritte, die Du wagen kannst.

Der Beginn ist einfach: *Stelle Fragen!* Sei neugierig! Interessiere Dich für die anderen, und laß Dich mit fremden Lebensgeschichten beschenken. Aus dem Zuhören folgt fast automatisch, daß Du den anderen annimmst, und dieses Zuhören ist das Eigentliche, was Du für ihn tun kannst. Die Beziehung, die sich daraus ergeben wird, ist spannend! Denke daran, daß die Beurteilung dessen, was von den Geschichten wahr oder falsch sein könnte, nicht wichtig ist. Vertraue darauf, daß hinter allem, selbst hinter dem absurdesten „Märchen", das Dir ein Bettler vielleicht erzählen mag, eine Aussage steckt. Die Aussage, daß er Not leidet und daß er etwas von Dir braucht. Geh so den Weg des Zuhörens, dann wirst Du hellhörig werden für das eigentliche Anliegen Deines Gegenübers.

Achte auf Deine Grenzen! Lerne Deine Kräfte einzuschätzen und sie gezielt einzusetzen, dann wirst Du Dir nicht ausgenützt vorkommen und wirst nicht ausgenützt werden. So kann eine ehrliche Beziehung entstehen. Denn Deine Möglichkeiten sind immer begrenzt durch Zeit und Geld, durch Erfahrung und durch notwendige Sicherheitsvorkehrungen. Mit all diesen Grenzen mußt Du rechnen, wenn Du helfen willst – was nicht heißen soll, daß Du nichts tun kannst. *Halte an Deiner Utopie fest!* Sprich mit anderen über Deine Erfahrungen, dann werden auch sogenannte Mißerfolge für Dich wertvoll sein, und Du kannst daraus für die Zukunft lernen. Wichtig ist, daß Du trotz aller Mißerfolge an Deiner Utopie festhältst, die ich so umschreiben möchte: Der andere ist ein Mensch, der ernst genommen werden will und Dich als Mensch braucht. Er will Deine Liebe und Zuneigung, die natürlich auch Kritik und Grenzziehung beinhalten wird. Wenn eine notwendige Zurückweisung von Deiner Utopie und Liebe getragen ist, dann ist sie dem anderen verständlich und hilfreich. Es ist dies sogar der schwierigere Weg, den man aber in der Ehrlichkeit zum anderen auch gehen muß.

Traue Deiner Phantasie! Natürlich ergeben sich beim Helfen viele äußere Fragen, in denen Du aber eine große Freiheit hast. Denn im Grunde ist es nicht so wichtig, ob Du zwanzig, fünfzig oder keinen Schilling gibst. Ob Du jemanden zum Essen oder zum Kaffee einlädst, oder ob Du ihn auf einem schwierigen Weg aufs Amt oder zum Arzt begleitest. Es ist nicht so wichtig, ob Du jemanden besuchst, ob Du ihm Kleider oder Arbeit beschaffst oder ob Du mit Türkenkindern Deutsch lernst. Es wird in allem Deine Liebe spürbar sein, selbst wenn Du nach außen hin einen Fehler machen solltest. Ich erinnere mich da an einen Sechzehnjährigen, der einem zuckerkranken Mann im Altersheim bei seinen Besuchen vor allem Schokolade mitbrachte, weil er sie selbst so gerne aß. Medizinisch war das natürlich falsch, und der Irrtum hat sich auch bald aufgeklärt. Es hat sich aber eine starke Freundschaft entwickelt, die nach Jahren noch trägt.

Such Dir eine Hilfe! Dies möchte ich Dir als praktischen Tip noch geben. Geh zu einem engagierten Menschen, zu einem Pfarrer, einem Sozialarbeiter oder jemandem aus Deinem Bekanntenkreis, der sich für soziale Randgruppen einsetzt, und biete ihm Deine Mitarbeit an! Er wird Dich brauchen und sich vor allem über Deine Solidarität freuen. Im sozialen Einsatz braucht es sehr die Gemeinschaft, allein kommen wir nicht weit.

Meine Tips mögen Dir einen Zugang zu neuen Erfahrungen eröffnen. Du sollst einen Blick für Menschen bekommen, die Dich brauchen und die auf Dich warten. Es liegt alles an der Veränderung Deines Blickes und Deines Schauens. Du wirst schließlich auch Dich selbst anders sehen lernen. Du wirst sehen, wie sich still und leise Deine Interessen verändern: daß Du Geschmack an einem einfachen Leben findest, daß Dir mehr Möglichkeiten gegeben sind, zu handeln und zu helfen, Gutes zu tun und Menschen zu begegnen. Du wirst immer offener werden für die „Fremden", die Du schilderst und die anders sind und anders bleiben als Du. Bei aller Unterschiedlichkeit, die Du in Dankbarkeit anzunehmen lernst, wirst Du ihnen nahe kommen. Du darfst entdekken, wie Dich Jesus ganz milde auf seine Seite zieht und seine Liebesfähigkeit in Deine Hände und in Dein Herz legt.

Ich freue mich über die wachsende Gemeinschaft auf unserem Weg, von der ich das Wort Jesu bezeugen kann: Ich war durstig, und ihr habt mir zu trinken gegeben; ich war fremd und obdachlos, und ihr habt mich aufgenommen; ich war nackt, und ihr habt mir Kleidung gegeben; ich war krank, und ihr habt mich besucht; ich war im Gefängnis, und ihr seid zu mir gekommen (vgl. Mt 25). So begegnet er uns wirklich, und das ist für uns das größte Glück. Dein Weg hat begonnen und darüber freue ich mich ganz besonders und wünsche Dir Gottes Segen für Deine Zukunft.

Dein Pater Georg

Gottesbeziehung

Die Quellen sind versiegt

Lieber Georg,

wenn ich mich an meine Kindheit zurückerinnere, so muß ich sagen, daß da das Beten ganz selbstverständlich war. Mit den Eltern am Abend oder wenn ich alleine von der Schule nach Hause ging, konnte ich mit Gott sprechen und ihn bewundern, wie toll er die Natur um mich herum gestaltet hat. Auch in der Straßenbahn angesichts der vielen Erwachsenen, wenn ich mich fragte, was meine Berufung eigentlich ist, war der Draht zu Gott sehr stark, und ich spürte genau, daß der radikalste Ruf der wäre, Nonne zu werden. Auch an meine erste Beichte erinnere ich mich noch ganz genau, es war, als ob plötzlich alles abgefallen und leicht wäre, und ich tanzte und sang an der Hand meiner Mutter, die, glaube ich, selbst erstaunt war über die Veränderung, die mit mir geschehen war.

Dann sind irgendwann diese Quellen versiegt, als ich älter wurde und die Beziehung zur Umwelt mein Leben bestimmte und nicht mehr die Beziehung zu Gott. Alles wurde diesseitsbezogen und war rational begründbar. Hier hatte mein Gott keinen Platz mehr. Das hat ziemlich lange gedauert – so lange, bis ich durch Freunde wieder in eine Messe mitgenommen wurde, wo ich die Gemeinschaft sehr stark und ehrlich spürte und wo die einstige Beziehung zu Gott wieder ein wenig aufgeflammt ist. Seither gehe ich immer dort in die Messe und kann in der Gemeinschaft dort auch gut beten, was sehr schön ist. Aber sooft ich es mir vornehme, das Gebet in das tägliche Leben einfließen zu lassen – es bleiben klägliche Vorsätze. Ich bete nicht regelmäßig, erforsche mein Gewissen kaum am Abend – vielleicht weil ich immer todmüde ins Bett falle. Ich richte so auch all mein Handeln überhaupt nicht auf Gott aus. Nur manchmal gelingt es mir, eine ähnliche Beziehung herzustellen wie als Kind. Dann, wenn ich total wütend und verzweifelt bin und keinen Ausweg mehr weiß. Da gehe ich meistens zum Grab meiner Großmutter, und dort bete ich, und während die Tränen fließen, werde ich immer ruhiger, bis ich plötzlich weiß, was zu tun ist. Und ich kann mich dann entschuldigen gehen oder die Einsamkeit ertragen, oder auch eine Entscheidung fällen, einfach weil plötzlich alles klar vor mir liegt.

Jetzt möchte ich Dich fragen, was ich tun soll, um nicht nur in Ausnahmesituationen zu Gott zu finden, sondern den ganzen Tag mehr mit ihm verbunden zu sein, um so das tägliche Leben in seine Hände legen zu können. Es muß irgendwelche Anhaltspunkte geben, nach denen man sich orientieren kann und von denen ausgehend das regelmäßige Gebet sich erarbeiten oder erfahren läßt. Du weißt solche Hilfen sicher, und ich bitte sehr um diese für mich sehr wichtige Antwort.

Deine Stephanie

Liebe Stephanie!

Du hast mir einen Brief zum Gebet geschrieben. Deine persönliche Gebetsgeschichte ist spannend zu lesen. In Deiner Kindheit konntest Du herzhaft beten. Da mußte ich an das Wort Jesu denken: „Wenn Ihr nicht werdet wie die Kinder …" Du hast die Wahrheit dieser Aussage selber erfahren. Als zweites habe ich mir gedacht, daß in Deiner eigenen Lebensgeschichte die Antwort auf Deine heutigen Fragen enthalten ist. Du bist jetzt fast erwachsen geworden – das kann Dir niemand mehr nehmen. Jetzt kannst Du Dich also unbefangen fragen: Wie werde ich wieder wie ein Kind? Du sollst eine junge erwachsene Frau sein, die die Schätze des Kindseins in sich trägt und nützen kann. Als Kind konntest Du staunen, Du hast mutig und ohne Begrenzung eine Berufung gespürt, Du hast die Freude der Vergebung erlebt und die Gemeinschaft der Familie, die im Gebet am tiefsten zum Ausdruck kommt. Wie kannst Du als Erwachsene zu dieser Freiheit und Geborgenheit zurückfinden? Wie kannst Du als Erwachsene von Gott Selbständigkeit und eine Orientierung empfangen, die Dich führt und trägt in all Deinen Beziehungen und diesseitigen Aufgaben? Ich will gerne mit Dir den Weg zu den Quellen wieder suchen.

Du schreibst, daß Gott eine Zeitlang keinen Platz mehr in Deinem Leben hatte. Das glaube ich nicht. Gott läßt sich den Platz nicht nehmen, er ist treu. Er hat Dich geschaffen, er bleibt als Schöpfer in seiner ganzen Schöpfung anwesend, aber er ist diskret und läßt jedem seine Freiheit. So kann es geschehen, daß für unser Bewußtsein und Handeln seine Anwesenheit verschüttet wird. Wie nahe er Dir aber auch in der Zeit war, so „alles diesseitsbezogen und rational begründbar war", siehst Du daran, wieviel durch den Kontakt mit Freunden in Dir wieder aufgeflammt ist. Es ist ein Glück, daß Du so viele Freunde hast, die die Schönheit und Beziehung zu Gott in Dir wieder verlebendigt haben. Ein gutes Zeichen ist auch, daß gleichzeitig bei Dir eine Unzufriedenheit entstanden ist. Als Erwachsene bist Du nicht mehr zufrieden mit gelegentlichen Erlebnissen und Gefühlen. Du weißt, daß die Ernsthaftigkeit des Betens im Alltag sichtbar wird. Dazu will ich Dir drei Ratschläge geben.

Der erste Ratschlag: *Mache durch kleine Dinge Dein Leben zum Gebet!* Das geht so wie in Deiner Kindheit. Beim Aufstehen und beim Schlafengehen ist es leicht, an Gott zu denken. Im Blick auf den kommenden Tag kannst Du ihn um den Segen für alle Aufgaben und Begegnungen bitten. Vielleicht beginnst Du ganz einfach mit einem Kreuzzeichen, damit Du spüren kannst, daß Du dem Herrn Deinen Leib anvertrauen kannst, indem Du ihn mit dem Zeichen der Hingabe und des Sieges über Sünde und Tod bezeichnest. Du wirst den neuen Tag in seinem Namen beginnen und darfst frei von jeder Angst alles auf Dich zukommen lassen und anpacken.

Am Morgen ist auch ein kleiner Rückblick sinnvoll, ein Dank für die Ruhe und Erholung der Nacht. Besonders wichtig aber ist dieser Rückblick dann am Abend, an dem Du alles Vergangene, das Gelungene wie das Mißlungene, vor Deinem geistigen Auge noch einmal vorüberziehen lassen kannst. Alles darfst Du dem Herrn übergeben. Natürlich muß ein solcher Tagesrückblick gelernt und eingeübt werden. Erst dann wird er zu einer Hilfe, zu sehen, zu ordnen und den Frieden für den Schlaf zu finden. Du darfst mit der grenzenlosen Güte Gottes rechnen, der Dir die Fehler verzeiht. An jedem Tag läßt er Dich Neues erleben und erkennen. Besonders das Schwere und die Fehler, aus denen Du lernen kannst, und die Schuld, in der wir die Vergebung zulassen, wandeln sich zum Glück, zur glückhaften Erfahrung der Barmherzigkeit und des möglichen Neubeginns. Wenn Du sehr müde bist, laß Dir von einfachen Formen helfen: „Danke für die empfangenen Wohltaten", ein Kreuzzeichen wie am Morgen, ein „Vaterunser", ein „Gegrüßet seist Du Maria" oder ein „Ehre sei dem Vater". In diesen Grundgebeten hat die Kirche und Jesus selbst alles Beten vorgezeigt. Vielleicht bleibst Du an einzelnen Worten hängen, und sie verbinden sich mit den Erlebnissen Deines Tages. An diesen Stellen spürst Du ganz milde das Eingreifen Gottes in Dein Tagewerk.

Der zweite Ratschlag: *Beginne mit dem Dank!* So kannst Du Deine Probleme mit der Gewissenserforschung lösen. Vielfach scheitert die Gewissenserforschung daran, daß man am Anfang zu Selbstvorwürfen neigt oder moralisiert. Es geht doch vielmehr darum, die empfangene Liebe, die uns Menschen entgegenbringen oder die genauso in der eigenen Leistung erlebt werden kann, zu entdecken. Entscheidend ist, daß Du mit dem Dank für das Empfangene beginnst. Denn erst wenn Du Dir die Liebe vergegenwärtigst, die Dir entgegengekommen ist, kannst Du beurteilen, wo Du in Deiner Antwort dahinter zurückgeblieben bist. Vor allem wirst Du aus diesem positiven dankbaren Beginn der Gewissenserforschung die Kraft und den Mut schöpfen, Deinen Tag ehrlich zu betrachten.

Mir selber hilft beim Aufstehen, daß ich mir sage: „Alles zur größeren Ehre Gottes!" Dazu hat mich ein Freund gebracht, und er hat mir geholfen, indem wir uns am Anfang immer gegenseitig gefragt haben, ob wir den Tag mit diesem Gedanken begonnen haben. Wenn Du also richtig beginnst, wird die Gewissenserforschung zur Ermutigung und fördert Deine Lebensfreude. Gleichzeitig müßtest Du wohl die Vorsätze, die Dich nicht weiterbringen, kritisch beleuchten. Vielleicht sind sie zu groß, zu abgehoben und zu wenig eingebunden in Dein Tagesprogramm und in Deinen Umgang mit den Menschen. Prüfe also Deine Vorsätze in dem Sinn, daß sie sich mehr mit Deinem alltäglichen Tun und mit Deinen Freunden verbinden. Einer Gewissenserforschung, die Dich entlastet und verändert, wirst Du Dich nicht mehr bewußt oder unbewußt verweigern.

Dritter Ratschlag: *Lerne zu segnen!* Neben dem Anfang und dem Ende des Tages bietet sein Ablauf selbst viele Gelegenheiten, an denen wir die Oberfläche durchbrechen und leicht zu Gott gelangen können. So wie Du es in der Wut und der Verzweiflung schon tust, wenn Du am Grab Deiner Großmutter weinst, betest und Ruhe findest. Ich denke an das Essen, das wir in solchem Überfluß haben. Deine Eltern wissen aus eigener Erfahrung und ebenso spüren das viele Menschen auf der Welt in ihrem Hunger, wie wenig selbstverständlich unser Reichtum ist. Das Essen könnte uns doch zum Dank bringen, zum Dank für die Früchte der Erde und der menschlichen Arbeit, zum Dank für die Mahlgemeinschaft und all die Liebe, die vom Bauern über den Bäkker, die Kaufleute bis hin zur Mutter oder zum Bruder reicht, die den Tisch gedeckt haben und mit Dir das Brot brechen. Wieder ist das Kreuzzeichen eine ganz einfache und verläßliche Form für dieses Tun. Auch kurze Tischgebete, die Du auswendig lernen kannst, sind eine mögliche und vielleicht notwendige Hilfe. Vielleicht bringst Du den Mut auf, heute zu Hause den Vorschlag zu machen, wieder das Tischgebet zu sprechen. Ich konnte schon manche Freunde für ein solches Experiment gewinnen, und alle haben mir berichtet, wie sich dadurch das Essen zum Mahl, und das Zusammensein zur Gemeinschaft verwandelt haben, ohne daß darüber große Worte gemacht werden mußten. Es gibt sicher noch viele andere Gelegenheiten, bei denen Du ein Gebet natürlicherweise einbauen kannst: in der Straßenbahn, vor dem Lernen, bei einer glücklichen Heimkehr, im Erlebnis der Schuld, in der Stille, in Freude und Leid. Als Priester darf ich oft Menschen segnen. Wie schön das ist, habe ich erst erlebt, als ich den großen Segen am Schluß der Messe auch in den Alltag übertragen habe. Jetzt segne ich morgens viele Menschen, an die ich denke oder um die ich mich sorge. Ich mache oft Menschen ein Kreuzzeichen auf die Stirn, wenn ich ihnen sehr nahe bin. Ich segne am Ende eines Briefes oder wenn ich Glück wünsche. Genauso bist Du berufen, den Menschen den Segen zuzusprechen, den sie von Gott empfangen. Du kannst auch Gott segnen und preisen für alles, was er an Dir Gutes tut. Von Jesus können wir annehmen, daß er wie alle gottesfürchtigen Juden am Tag mindestens hundert Segnungen gesprochen hat: „Gepriesen sei der Allmächtige, der uns Ein- und Ausgänge geschaffen hat!" zum Beispiel.

Es geht nun darum, daß Du selbst Experimente machst. So wie jeder Mensch unterschiedlich ist, wird er auch zu unterschiedlichen Gebetsweisen neigen. Auch Du selbst änderst Dich, Du wirst älter und erwachsen, also wirst Du auch zu immer neuen Gebetsweisen finden müssen. Durch das Tun. So kannst Du Dich unter dieser Rücksicht selber kennenlernen. Dann wirst Du die Gelegenheiten und Zeiten herausfinden, bei denen Dir das Beten am ehesten gelingt. Dazu noch ein paar praktische Tips:

Zeichen der Treue: Denke daran, daß das Gebet nicht immer oder gleich ein sensationelles Erlebnis ist. Zunächst ist es ein einfaches Zeichen dafür, daß Du Gott Deine Treue und Dankbarkeit zeigst. Du darfst aber

auch Dein Bewußtsein nicht überstrapazieren oder verabsolutieren. Es gibt auch Gebete und Zeichen, die sprechen und wirken, wenn mein Geist einmal nicht ganz mitkann. Wenn Du zum Beispiel in der Kirche bist, betet Dein Leib, schon bevor Du Deinen Mund geöffnet hast.
Äußere Bedingungen: Wichtig ist die treue Erfüllung der Kirchengebote, wobei ich vor allem an den Sonntag denke. Die Regelmäßigkeit beschützt Dein Gebetsleben und gibt die Basis für die Spontaneität, die in besonderen Situationen möglich wird. Zur Regelmäßigkeit wirst Du auch den äußeren Raum des Gebets suchen und in Deinem Leben aufbauen müssen. Das sind Orte, an denen Du gut beten kannst; in einer Kirche, in Deinem Zimmer, auf einem Spaziergang.

Die Gemeinschaft: Zum Gebet kommt man nicht alleine. Wie im sonstigen Leben braucht das Gebet ein gesundes Verhältnis von individueller und sozialer Verwurzelung. Hast Du Einsamkeit und Gemeinschaft, in der Du beten kannst? Wo gibt es bei Dir den Raum der Stille? Und frage Dich, wie viele Menschen und Freunde Du hast, mit denen das Gebet möglich ist. Sie sind ein besonderer Schatz in Deinem Leben. Es lohnt sich, solche Schätze zu suchen.

Nahrung für das Gebet: Das Gebet lebt zunächst aus Deinen Erlebnissen, aber auch aus den Gebetserfahrungen anderer Menschen, wie sie uns in Gebetbüchern, im Kirchenjahr und vor allem in der Heiligen Schrift tradiert werden. So wie im Beruf, mußt Du auch im Gebet und im Glauben lernen, sonst entwickelst Du Dich einseitig in eine Richtung, in der Du viel von der Welt weißt, gut denken kannst, aber im Glauben zurückgeblieben bist. Jeder menschliche Fortschritt muß auch zu seinem Fortschritt im Beten führen, den man anstreben muß. Die Heilige Schrift oder das Gotteslob, das in jeder Kirche aufliegt und billig zu kaufen ist, sind wohl die wichtigsten und naheliegendsten Hilfen, um zur Gebetsnahrung zu kommen. Lerne als erstes Gebete auswendig. Für Deinen Neubeginn schlage ich Dir das Gebetbuch Jesu vor, die Psalmen. Suche Dir einen Lieblingspsalm und lerne ihn auswendig. Dann wirst Du schnell feststellen, wie alle Lebenserfahrungen in dieses Gebetbuch hineinverwoben sind und durch Dein Leben zu sprechen beginnen.

Wenn Du Dich weiterhin auf den Weg des Gebetes machst, wirst Du irgendwann auch spüren, wie Deine Beziehung zu Gott intensiver und stärker erlebnishaft wird. Das ist so wie bei verliebten Menschen, die sich viele Briefe schreiben, einander Blumen schenken oder andere Geschenke austauschen, all diese Zeichen beleben die Beziehung und führen sie weiter. Beim Gebet kommt es dann gelegentlich zu einem Punkt, an dem Du sagen darfst: Mein Leben ist Gebet, ich bin bei Gott, ich darf seine Anwesenheit spüren und ihn durch mein ganzes Leben bezeugen.

Schließlich möchte ich Dir danken, daß Du mit mir das Gespräch über das Gebet begonnen hast. Denn das Gespräch darüber ist schon eine große Hilfe für Dich und für mich, damit die Quelle nicht versiegt, aus der wir alle Kraft schöpfen dürfen.

Ganz zum Schluß der Vorschlag und das Versprechen: Ich bete für Dich. Bitte bete einmal für mich.

Dein Georg

Vorbestraft

Ich komme aus dem Knast

Lieber Pater Georg,

der Tag, auf den ich so lange gewartet habe – heute ist er gekommen: Ich bin frei. Wie lange ist es her? Ich habe die Jahre, die Monate, die Stunden gezählt – und heute: Ich stand mit meinen Koffern vor der Strafanstalt, hinter mir schob sich das schwere Gitter zu, das mir den Weg hinaus freigab. Tausenderlei ging mir durch den Kopf. Ich habe das Lied vor mich hergesungen: „freedom ist just another word for nothing left to loose" – Freiheit ist nur ein anderes Wort dafür, daß man nichts mehr zu verlieren hat. Ja, ich bin frei, aber ich habe auch nichts mehr zu verlieren. Was ich hatte, habe ich zerstört, oder es wurde zerstört: Kindheit, Jugend, Freundschaften und Beziehungen, wie soll es jetzt weitergehen? Wieder nur geben, leisten, und dann hören müssen, daß man von mir enttäuscht ist?

Ich habe nicht mehr die Kraft, ich habe keine Liebe, kein Ohr, keinen Mund mehr, der Trost spricht. Ich gehe auf der Straße – von Einsamkeit und tiefer Verzweiflung getrieben – auf der Suche nach Menschen. Ich versuche, die Entgegenkommenden mit Blicken zu erreichen. Sie beachten mich nicht und gehen einfach vorüber. Ich sehne mich nach Geborgenheit, nach Zärtlichkeit, aber auch danach, selbst etwas geben zu können. Ich habe das Gefühl, ein Lebensbaum stirbt immer mehr ab, aber wo

Wasser ist, weiß ich selbst nicht. Georg, es klingt verrückt, aber die wiedergewonnene Freiheit ist mir bedeutungslos geworden. Drei Jahre war ich da drinnen, es war eine schreckliche Zeit, in der ich und mein Innerstes schwer angegriffen wurde. Ich habe Angst vor Beziehungen, vor Frauen. Ich habe einfach Angst, wieder unter den Menschen zu sein, von denen man mich solange weggesperrt hat. Warum? Weil ich ihnen Schaden zufüge? Weil sich die Gesellschaft vor mir fürchten mußte? Weil ich bestraft werden mußte? Weil ich gebessert werden sollte? Im Gefängnis? Aber was soll's, schuld bin im Endeffekt ich selbst. Aber wie soll ich weiterleben? Ich sehe keine Sterne am Himmel. Vielleicht ist doch noch einer da, aber der Himmel ist jedenfalls bewölkt. Georg, bitte hilf mir!

Hans

Lieber Hans!

Ich beglückwünsche Dich zu Deiner Freiheit. Du hast den Tag erreicht, auf den Du jahrelang gewartet hast. Du hast eine schwere Zeit überstanden, und das Besondere daran ist, daß Du nicht abgestumpft bist. Das zeigst Du schon dadurch, daß Du diesen Brief schreiben konntest. Sensibel für alle Probleme, die jetzt auf Dich zukommen, hast Du das Gefängnis verlassen. Ich will alles tun, damit Dir jetzt der Sprung in die Freiheit gelingt. So habe ich überlegt, welche Kräfte in Dir da sind, die Dir jetzt helfen können.

Du hast die Kraft, andere zu beschenken, das kann ich selbst bezeugen. Deine Freundschaft war mir in den Jahren Deiner Gefangenschaft sehr wertvoll, denn Du hast mir ermutigende und ehrliche Briefe geschrieben. Die wenigen Male, die wir uns bei Besuchen sehen konnten, haben mich immer sehr berührt. Du hast mich beschenkt, denn wenn ich nach der gemeinsamen Stunde das Gefängnis wieder verlassen habe, wußte ich plötzlich meine Freiheit zu schätzen, über die ich sonst viel zu selbstverständlich hinweggehe. Du hast mir die Augen geöffnet für das besondere Glück, das mir geschenkt ist. Ich habe ja nichts dazu getan, daß ich einen anderen, einen behüteten Lebensweg gehen konnte. Daß ich dieses Glück dann doch gelegentlich verspüren konnte, habe ich Dir zu verdanken. So wie auch Du beim Verlassen des Gefängnisses ein Lied vor Dich hin gesungen hast, habe ich immer den Psalmvers gesummt: „Du führst mich hinaus ins Weite".

Eine zweite Kraft, die mich an Dir immer beeindruckt hat, ist Deine starke Hoffnung. Du läßt Dich fast nie unterkriegen von den Belastungen, die Dir auferlegt sind. Ich denke da zum Beispiel an die zerrüttete Beziehung zu Deiner Mutter und an die Versöhnung, die Dir im Gefängnis gelungen ist. Du hast ihr so viele liebensvolle und zärtliche Briefe geschrieben, bis sie es geschafft hat, zu Dir zu kommen. Du hast ihr keine Vorwürfe gemacht, ja mehr noch, Du bist ihr mit einem unglaublichen Verständnis für ihre eigene schwierige Situation entgegengekommen, so daß sie nicht nur Dir, sondern zuerst sich selbst vergeben konnte. Unvergeßlich bleiben für mich die Sätze über Deine Mutter: Sie hat mich in ein Kinderheim gegeben, weil sie schließlich nicht anders konnte; sie konnte mich auch später nicht in ihre Wohnung aufnehmen, weil dadurch sogar die Ansätze zu einer Partnerschaft keine Chance gehabt hätten. Du hast Deine krebskranke Mutter getröstet und so alles für ihre Heilung getan. Da bin ich mir oft lächerlich vorgekommen in meiner Unzufriedenheit mit meiner persönlichen Umgebung. So will ich Dir danken, daß Du mich für die Dankbarkeit immer wieder eröffnet hast.

Du glaubst an Gott, das ist die dritte, die größte Kraft, mit der Du jetzt rechnen kannst. Auf diesen Gedanken hast Du mich in den letzten Jahren immer wieder gebracht. Nach jeder Begegnung im Gefängnis oder im Brief habe ich mich gefragt: Woher hat dieser Mensch eine solche Hoffnung? Wie kann er das alles aushalten? Du hast mir aber glaubhaft gemacht, daß es eine Hoffnung gibt, die einem niemand nehmen kann. Eine Hoffnung, die nicht von außen, sondern von innen kommt. Denn es gibt Gott. Er begleitet uns und läßt uns nicht untergehen. Ich kann seither mit einer schönen Geschichte viel anfangen, die ungefähr so geht: Nach dem Tod zeigt Gott einem Mann noch einmal die Wege seines Lebens. Es sind zwei Spuren, die nebeneinander verlaufen; nebeneinander über Berg und Tal, in Licht und Dunkel. Immer, wenn es schwierig wird, wenn es steil oder ganz dunkel wird, ist nur eine Spur sichtbar. Da fragt der Mann den Herrgott: Warum sind hier zwei Spuren und dann wieder nur eine Spur? Gott antwortet ihm: Dein Leben lang habe ich Dich begleitet. Da fragt der Mann: Warum aber ist nur eine Spur da, wenn es schwer wurde, warum hast Du mich da verlassen? Und Gott antwortet ihm: Da habe ich Dich getragen. Lieber Hans, Du hast mich gelehrt, diese Geschichte zu verstehen und zu glauben, das hat mich in mancher Dunkelheit vor einer Panik bewahrt und aus der Angst gerettet.

Heute will ich Dir diese Geschichte schenken und Dir zurückgeben, was Du damit bei mir bewirkt hast. Du hast Grund, gerade jetzt, wo Deine Zukunft so im Dunkeln liegt, zu vertrauen. Du weißt, daß es hinter dem bewölkten Himmel Sterne gibt, die Dir leuchten und Dich führen. Es soll Dir ergehen, wie den Weisen aus dem Morgenland, die, geführt vom Stern und vom Traum, das Glück ihres Lebens gefunden haben, den Erlöser im Stall von Betlehem. An diesen Weisen kannst Du zwei Dinge ablesen, den Mut zum Träumen und das Wissen, daß das Glück zunächst in einer armseligen Gestalt begegnet.

Die Weisen lehren Dich den Traum. Das ist zunächst ein Traum von der Freiheit, was nichts anderes bedeutet, als ein Ziel zu haben und daraus zu leben. Du kannst anknüpfen an den Träumen, die Du in den vergangenen Jahren gehabt hast. Du hast zum Beispiel von einem Beruf und vom Geldverdienen geträumt. Du hast von einer schönen Wohnung, von einer Familie und von einem Auto geträumt. Du hast sogar von Gott geträumt, indem Du oft gebetet hast. Du hast mir doch einmal geschrieben, daß Du im Gefängnis beten gelernt hast? Du bist erschüttert worden von der Not, die Dir in der Zelle begegnet ist. Erinnere Dich an Deinen Zorn, mit dem Du gesagt hast: Wenn ich herauskomme, will ich alles dafür tun, daß andere nicht ins Gefängnis kommen. Damals hast Du mir doch Deine Hilfe angeboten. Jetzt müssen wir zusammenarbeiten, um den Entlassenen zu helfen und Rückfälle zu verhindern. Ich stehe seit Jahren in dieser Aufgabe und will Dich jetzt beim Wort nehmen. Ich brauche Deine Mitarbeit, weil Du viel tiefer als ich die Not der Menschen verspürt hast, für die wir da sind. In diesem Erleben liegt die Kraft verborgen, aktiv zu werden und gegen die Not anzukämpfen. Besser als alle behüteten Bürger kannst Du mitempfinden, kennst Du Wege und bist an die Kraftquellen gelangt, um diese langen Wege mit schutz- und hilfsbedürftigen Menschen zu gehen. Also komm und hilf mir, mit mir warten Hunderte von Strafentlassenen und gefährdeten Menschen auf Dich.

Wie ich warten auch Gefängnisseelsorger und die Sozialarbeiter, denen Du begegnet bist, auf Unterstützung und Ermutigung für ihren Einsatz. Wenn Du zu ihnen hingehst, setzt Du ein wichtiges Zeichen der Solidarität und der Dankbarkeit. Du wirst sie auf neue Ideen bringen, Du wirst ihnen ermöglichen, noch mehr Menschen zu helfen. Denn wir leiden sehr darunter, daß all unser Einsatz nur ein Tropfen auf den heißen Stein ist. Du wirst sie zur Geduld befähigen. Du hast also konkrete Möglichkeiten, sofort Deine Träume zu verwirklichen. Wenn Du so an Deine Erfahrungen anknüpfst und sie ausnutzt, wirst Du auch selbst für Dich Halt finden. Und Du wirst ein Ziel haben. Laß wieder all die Träume in Dir wach werden, laß Dich jetzt von ihnen beflügeln. Es waren gute und lebenswichtige Träume, die Dir die Kräfte und Energien, die Du hast, offenbaren. Diese Träume schenkt uns Gott. Sie sind Nahrung für den Weg.

Etwas Zweites kannst Du von den Weisen lernen: Sie sind einen langen Weg gegangen. Einen Weg, wie ihn alle Menschen gehen können. In ihrer Einfachheit haben sie das Ziel erreicht. Es gibt kein schnelles Glück, und es ist nicht glänzend, wenn es echt ist. Das echte und menschliche Glück ist vielmehr so, wie wir es im Stall zu Betlehem sehen können. Da ist der lange und schwierige Weg der Weisen dorthin nicht zu vergessen und der Stall und die Personen, die die ersten und nächsten beim Erlöser sind, sind zu betrachten.

Es sind einfache Menschen, Hirten. In dieser Armut und Einfachheit ist der größte Menschheitstraum in Erfüllung gegangen, die Geburt des göttlichen Kindes, des Erlösers aller Menschen. Wenn Deine Träume zum Tragen kommen sollen, mußt Du jetzt auch diese Einfachheit in Dein Leben übersetzen. Es ist eine Einfachheit, die oft bis zum Ärgernis geht, deshalb nennen wir sie auch Armut. Es ist eine Einfachheit, die wir nicht gesucht haben, sondern die uns von außen auferlegt ist. Ich meine damit Deine schwierigen Startbedingungen. Ich leide mit Dir und vielen meiner Freunde unter den Vorurteilen, denen Du jetzt begegnest, wenn Du eine Arbeit haben willst oder Freunde suchst. Manche Anstellung wirst Du nicht bekommen, weil Du in Fragebögen „vorbestraft" ankreuzen mußt. Auch die Tatsache, daß Du keine abgeschlossene Berufsausbildung hast, macht das Finden einer interessanten Tätigkeit schwer. Deine Tätowierungen stempeln Dich auch offensichtlich ab – zumindest Menschen gegenüber, die vor Strafentlassenen Angst haben. Mit dieser Angst mußt Du rechnen und geschickt umgehen lernen. Bereitschaft zum einfachen Leben heißt für Dich, um all diese Schwierigkeiten zu wissen. Deshalb nenne ich sie Dir auch so offen. Einfachheit heißt jetzt, morgens als erster zum Arbeitsamt zu gehen und immer wieder hinzugehen. Es heißt, jede Arbeit anzunehmen und nicht auszusuchen. Aussuchen wirst Du später einmal können, wenn Du jetzt einfach beginnst.

Wie wichtig der lange Weg des einfachen Menschen jetzt ist, möchte ich Dir an zwei Beispielen verdeutlichen. Das erste ist der Umgang mit dem Geld. Das ist die Herausforderung für Dich, jetzt nicht den Kassettenrecorder anzuschaffen, sondern für eine Wohnung zu sparen, damit Du die Kaution hinterlegen kannst. Dein Beitrag ist notwendig, auch wenn Dir die Caritas und das

Sozialamt helfen werden. Du mußt jetzt neu lernen, mit dem Geld umzugehen, da Dir dies in den letzten Jahren abgenommen war. Glaubhaft ist ein einfacher Lebensstil immer nur dann, wenn jemand ein paar Groschen auf die Seite legt, so wenig Geld er auch zur Verfügung haben mag. Willst Du das probieren?

Das zweite Beispiel ist die Anpassung der Kleider. Ich weiß, wie gern Du die schwarzen Lederjacken trägst. Damit fällst Du auf und machst Leuten Kummer, die Dich nicht kennen, Angst. Gleichzeitig ziehst Du damit „Freunde" an, die Dich an ein Milieu ketten, von dem Du loskommen möchtest. An Deiner Kleidung erkennen sie, ob sie Dir Rauschgift anbieten können oder nicht, ob sie Dich zu einem Verbrechen verleiten können. Auch die Mädchen, die Du kennenlernen wirst, können durch Deine Kleidung vorbestimmt sein. Du aber möchtest in die Gesellschaft hineinfinden, Du brauchst gute Freunde. Kannst Du deshalb nicht zunächst auf die Lederjacke verzichten und Dich bürgerlich anziehen, um niemandem Angst zu machen und Dich von Deiner schwierigen Vergangenheit zu befreien? Hier liegt auch der einzige Grund, warum mir Deine Körperpflege und Deine Frisur im Gefängnis immer so wichtig war, nicht weil ich Deinen Geschmack vergewaltigen wollte. Du sollst Vertrauen schaffen und Ängste abbauen, dafür sind alle äußeren Zeichen die Mittel dazu.

Ich habe Dir jetzt vom Träumen und vom einfachen Leben geschrieben, und ich verspreche Dir, daß Du in der Spannung zwischen diesen beiden Polen Deinen Weg finden wirst. Diese Spannung öffnet die Sinne, Deinen Mund und Dein Ohr, Dein Herz für die Menschen, mit denen Du ein neues Leben beginnst. Diese Spannung macht Deine Hände arbeits- und erwerbsfähig. In dieser Spannung wirst Du einen ehrlichen Trost und eine tatsächliche Veränderung Deines bisherigen Lebensweges erfahren. Wenn ich den Brief noch einmal durchlese, spüre ich, daß Du doch viel zu verlieren hast. Daß Gott auch und gerade in Dich einen großen Reichtum gelegt hat, mit dem Du neu beginnen kannst. Bitte laß mich weiterhin aus Deinem Reichtum und aus unserer Freundschaft schöpfen.

Dein Pater Georg

Beichte

Der Traum von einer guten Aussprache

Lieber Georg,

gestern hatten wir in unserer Jugendgruppe ein längeres Gespräch über Fastenzeit und Ostern. Unter anderem haben manche darüber gesprochen, wieviel ihnen die Osterbeichte bedeutet, wie sehr sie befreit. Ich selbst bin früher sehr regelmäßig beichten gegangen, jedoch richtig freiwillig eigentlich noch nie. Als Kind wurde ich im Rahmen des Religionsunterrichtes in den Beichtstuhl geschickt, später ging ich, weil meine Geschwister auch gingen. Ich hatte vor der Beichte immer Angst und war nach der Beichte auch immer erleichtert. Gut erinnere ich mich noch an das Herumgehopse von der Kirche nach Hause – wir waren alle froh. Ähnliches haben ein paar meiner Freunde gestern in der Gruppenstunde erzählt. Und genau das ist auch der Grund, warum ich Dir heute schreibe. Vielleicht kommt das für Dich ein wenig plötzlich, aber die Suche nach einer Antwort drängt. Kannst Du das verstehen?

Ich bin skeptisch geworden, was die Art und Weise des Beichtens betrifft. Erstens stehe ich diesem Glückserlebnis, diesem Gefühl der Freiheit nach der Aussprache mißtrauisch gegenüber. Ist es der Segen Gottes, der froh macht, also wirklich seine großartige Vergebung, oder ist es nicht vielmehr das Aufatmen, etwas Unangenehmes hinter sich gebracht zu haben? Außerdem beschäftigt mich noch etwas anderes: Meine Fehler, meine Sünden habe ich erforscht. Ich spüre in mir diese Angst, etwas tief Persönliches einem mir meistens eher unbekannten Menschen bekanntzugeben. Durch ein Gitter, geflüstert, im Dunklen. Es ist, so denke ich mir oft, ein sehr unfreiwilliges Anvertrauen von einer persönlichen, geheimen Geschichte. War das nun ein Bekenntnis, das mein Leben verändert? Was bewirkt diese Bekenntnis in mir? Wie ist es entstanden? Kam es aus dem Herzen?

Das Ideal einer Beichte erfahre ich in einer zwischenmenschlichen Beziehung, zum Beispiel bei meiner Freundin.

Ich habe ihr in irgendeiner Weise weh getan, bereue das und bekenne das vor ihr. Auch ängstlich. Denn ich gebe Schuld zu. Vielleicht weine ich. Vielleicht weint dann sie, weil sie die Reue von mir spürt. Solches Bekenntnis aus meinem Herzen prägt mein Leben. Aber ich verabscheue dieses Auflisten von vollbrachten Sünden, diese eigenartige Massenbefreiung. Oft reuelos, nur mit einem Gefühl der Überwindung vorgetragen. Glaubst Du, Georg, daß dies Gott gefällt?

Vielleicht birgt diese „mechanische Beichte" – wenn man es spitz formuliert – sogar eine große Gefahr in sich. Ich rede mich von Schuldgefühlen frei, ich mache mich frei von der Verantwortung, Fehler gut zu machen, Wege anders zu gehen, manches anders zu sehen. Kurz – die Chance zur Veränderung wird in mir durch die Lossprechung genauso wie meine Sünden einfach losgesprochen. Deshalb habe ich eigentlich aufgehört zu beichten, weil es ja doch immer dasselbe war, immer dieselben Sünden. Ich denke mir, Gott hört nicht auf unseren Mund. Er hört nicht auf das, was unsere Zunge beichtet. Er sieht nur die „Beichte des Herzens". Ich denke mir das, weil ich nichts mehr verabscheue als Phrasen, Floskeln, leergelaufene Traditionen. Ich will leben mit Spontaneität, frisch von der Seele weg, mit viel Ehrlichkeit. Ich will Gott nichts vormachen und kann es auch nicht. Die jetzige Form der Beichte bietet so wenig Raum für meine Träume von einer guten Aussprache. Also frage ich: Warum muß man beichten?

Du siehst, Georg, viele Fragen sind offen für mich. Du bist Priester, Du hörst sicher oft Beichten, du setzt Dich unverweigerlich damit auseinander. Ich habe großes Vertrauen zu Dir, weil Du so aufgeschlossen bist. Du kennst die Welt, weil Du mit ihr lebst. Vielleicht kannst Du mir eine Antwort geben. Ich warte darauf!

Dein Thomas

Lieber Thomas!

Du bist ein Glücksknabe, weil Du gute Freunde hast und eine glückliche Kindheit. Ich weiß nicht, ob man in einer Lebensgeschichte größere Schätze finden kann, als Du sie hast. Freude überstrahlt Dein Leben. Es ist eine echte Freude, weil Du sie schon als Kind erlebt hast. Kinder haben das beste Gespür dafür, und bei Freunden muß man am wenigsten befürchten, daß sie einen täuschen. Ich möchte Dir gerne helfen, diese Freude in Deinem eigenen Leben als (fast) Erwachsener wiederzufinden.

Ein großes und allgemeines Mißverständnis verbirgt sich in Deiner Frage: Warum muß man beichten? Die kirchliche Lehre sagt, daß der Katholik einmal im Jahr zu den Sakramenten gehen muß. Gemeint ist damit der Kommunionempfang, die Beichte jedoch ist nur notwendig, wenn ich weiß, daß ich eine schwere Sünde begangen habe. Nach der Meinung heutiger theologischer Lehrer ist mit einem so tiefen Sturz in einem normalen Leben nicht zu rechnen. Wenn wir also diesen extremen Fall einmal ausklammern, bleibt noch die Frage: Wozu soll ich dann beichten? Sinnvoll kann die Beichte nur sein, wenn sie einem nützt. Deshalb möchte ich Dir erklären, warum die Beichte ein Geschenk ist.

Ausgehen möchte ich von der Psychologie. Du weißt, daß sie viele Methoden entwickelt hat für Gruppen- und Einzelgespräche, um dem Menschen zu helfen, der allein mit den Problemen seines Lebens nicht fertig wird oder effizienter sein möchte. So hat sich in der Sozialarbeit genauso wie bei Managern die Supervision durchgesetzt. Supervision ist nun nichts anderes als eine verweltlichte Form der Beichte. Sie ist das Angebot eines Fachmannes, Dir zuzuhören, Dir Fragen zu stellen, Dir Mut zu machen, Deinen eigenen Weg zu finden. Dieser Dialog ist ein wichtiger Bereich in der Ausbildung zum Priester. Seine Aufgabe besteht vor allem darin, Dir im Namen Jesu zu sagen: Du bist angenommen von Gott, Gott verzeiht Dir, Gott liebt Dich – sosehr, wie Du es gar nicht ahnen kannst. Das ist die frohe Botschaft. Du weißt selbst, daß nur Angenommensein und Liebe die Kraft geben zu einem veränderten Verhalten. Dies erfährst Du besonders, wenn Du Schuld auf Dich geladen hast, wenn Du einer schlechten Gewohnheit verfallen bist oder innerlich verletzt bist.

Aus einem zweiten Grund ist die Beichte ein Angebot für Dich. Wenn Du regelmäßig an Dir arbeiten willst, kannst Du dies, wie gesagt, nicht alleine tun. Es braucht Planung. Über sein eigenes Leben nachzudenken ist eine Kunst, die man lernen kann. Dafür ist eine Anleitung wichtig, weil Du ganz aus Deinem Gefühl heraus und gleichzeitig rational Dein Leben anschauen sollst. So kommst Du zu Vorsätzen, die Dir entsprechen und helfen, und zu einer Lebensplanung, die immer wieder „kontrolliert" wird. An all dem siehst Du, warum ich Dir rate, zur Beichte zu gehen und sie durch das Experiment zu lernen.

Zur Art und Weise hast Du gute Ideen und richtige Wünsche. Für die „Beichte des Herzens" ist das Gespräch wichtig. Du mußt also einen Beichtvater suchen, bei dem Du das Gefühl hast: Er versteht mich, er nimmt mich an, er kann mich weiterführen. Wenn Du regelmäßig zu ihm gehst, wird er besser auf Dich eingehen können. Trotzdem darfst Du nicht vergessen, daß das Wesen der Beichte darin besteht, daß Du ein Bekenntnis ablegst. Und: daß Du die Erfahrung machst, daß Gott Dir vergibt. Der Priester ist, möchte ich fast sagen, nicht so arg wichtig. Viel wichtiger ist Deine Vorbereitung, Deine Gewissenserforschung, Deine Reue und Dein Hintreten vor Gott. Das kann dann auch im anonymen Beichtstuhl geschehen und gegenüber einem menschlichen Werkzeug Gottes, das Dir persönlich nicht so viel gibt. Noch einmal: Das Beichtgespräch ist eine Kunst, die gelernt sein will. Die Kunst, über sich selbst nachzudenken und gezielte Schritte in die Zukunft zu machen, eine Kunst, bei der Gott nicht ausgeschlossen sein möchte. Gerne will ich Dir im Gespräch weitere Hilfen geben, Literatur und praktische Hinweise. Für mich ist zum Beispiel eine Kleinigkeit zu einer wichtigen Hilfe geworden: Nach einer Beichte mache ich mir gleich den Termin für das nächste Mal aus, überlege also schon vorher, in welchem zeitlichem Abstand ich beichten sollte. Ich möchte mich gerade in diesem äußeren Punkt nicht von meinen Gefühlen abhängig machen. Es könnte sein, daß ich die

Konfrontation dann am meisten scheue, wenn ich sie am dringendsten brauche.

Ich muß Dir sagen, daß ich das Beichthören nur gelernt habe, weil ich selber regelmäßig beichten gehe. Durch meine eigene Erfahrung, wie sie auch der verlorene Sohn gemacht hat, erlebe ich jede Beichte wie eine Heimkehr zum Vater. Natürlich habe auch ich Angst vor der Begegnung und bin nicht sicher, ob ich von Gott wirklich Vergebung erfahren werde. Doch das Bild ist in mir immer gegenwärtig, daß Gott mir wie der barmherzige Vater entgegenkommt, daß er mir keine Bedingungen stellt, sondern mich beschenkt, daß er mich aufrichtet und zu einem neuen Anfang einlädt. So kann ich sagen, daß ich nach jeder Beichte – gleich gut wie sie gelungen ist – immer befreit nach Hause gehe, nie niedergedrückt.

Wenn Du sagst, daß Du immer dieselben Sünden gebeichtet hast, dann behaupte ich, daß Du meine Ratschläge nicht genügend befolgt hast. Wenn Du einen festen Beichtvater hast, kannst Du das nächste Mal nicht dasselbe beichten, weil Du beim letzten Mal Vorsätze gefaßt hast. Wenn sich tatsächlich nichts geändert hätte, mußt Du fragen, was an den Vorsätzen falsch war.

Vielleicht waren sie zu groß, zu wenig konkret, vielleicht haben sie zu wenig auf Dein Leben gepaßt. Auch darüber kannst Du mit Deinem Beichtvater reden und mit ihm zu einer anderen Planung kommen, damit der Neuanfang nicht nur gefühlsmäßig bleibt und allzu schnell wieder versandet. Er soll Dir ja Freude darüber schenken, daß Du an Deine Schuld nicht gekettet bist, sondern zu einem Weg in die Freiheit berufen bist. Die größte Freude kommt aus dem Erlebnis, daß mir Gott immer neu die Kraft gibt, aufzubrechen und der Mensch zu werden, der ich im Tiefsten bin – sein Geschöpf, sein Kind, mit dem er Großes vorhat.

Wenn ich auf Dich schaue, fällt es mir nicht schwer, das zu glauben.

Dein Georg

Trennung

Ich muß Schluß machen

Lieber Pater Georg,

es fällt mir wirklich nicht leicht, Dir diesen Brief zu schreiben, aber ich brauche dringend Deinen Rat. Damit Du mich und meine Situation verstehst, muß ich Dir die Vorgeschichte erzählen. Angefangen hat alles in der Schule. Nach der vierten Klasse Gymnasium wechselte ich meinem Vater zuliebe in die Handelsakademie. Ich haßte die Schule, wollte meinen Vater aber nicht enttäuschen. Im dritten Jahr wurde ich krank. Ich lag oft wochenlang im Bett, bis ich endlich auf den Rat des Arztes hin mit der Schule aufhörte. Ich habe es nie bereut, habe aber sehr darunter gelitten. Als ich einmal, es war kurz bevor ich die Schule beendete, für 10 Tage im Spital war, kamen mich eine Menge junge Leute besuchen, darunter war auch der beste Freund von meinem damaligen Freund, der aber gerade für drei Monate nach Indien gefahren war. Kurz bevor ich entlassen wurde, kam er mich noch einmal besuchen – allein. Er hatte einen schweren Mopedunfall hinter sich und war deshalb im Krankenstand. Er besuchte mich dann öfters zu Hause, und wir machten lange Spaziergänge im Schnee, tollten herum wie die Kinder und genossen einfach die gemeinsamen Stunden. Ich brauchte all die Zärtlichkeiten und die fröhlichen Stunden, mehr als die Tabletten und die guten Ratschläge meines Arztes. Und doch war immer das schlechte Gewissen da. Wir redeten oft darüber und kamen meistens zu dem Schluß, daß es besser wäre aufzuhören, aber es änderte sich nichts. Mein Freund schrieb mir wunderschöne Briefe aus Indien, ich aber war zu feige, auch nur ein Wort von meinen heimlichen Liebesgeschichten zu erzählen. Als er dann nach Hause kam, gab es einen riesen Krach und es war alles aus – mit beiden. Nachdem der Schwung etwas verblaßte, fing alles wieder an. Wir waren fast jeden Tag zusammen, eineinhalb Jahre lang. Wir träumten oft von einem eigenen Häuschen mit einem eigenen Garten und einer Wiese für die Kinder zum Spielen. Es wäre alles so schön gewesen, wenn ich nicht so oft das Gefühl gehabt hätte, daß er mich und meine Gefühle einfach nicht versteht.

Irgendwie erinnerte mich das an die Beziehung zu meinem Vater, den ich gerne mochte, trotzdem ich wußte, daß er mich eigentlich nicht verstehen kann und will. Mit meinem Freund konnte ich nicht darüber reden, weil ich genau wußte, daß sich dann auch nichts ändern würde. Er war wie der ungläubige Thomas. Er glaubte alles nur, wenn er es auch sehen bzw. erleben konnte. Also sagte ich nichts, wurde aber immer unglücklicher und unzufriedener. Im Sommer fuhren wir gemeinsam mit drei Freunden auf Urlaub. In den vier Wochen gab es öfter Streit, und es entstand ein gewisser Abstand zwischen uns. Am letzten Tag hielt ich es einfach nicht mehr aus, und ich sagte ihm, daß ich unsere Beziehung aufgeben wolle. Für ihn war es wie ein Schlag aus heiterem Himmel, aber er akzeptierte es. Da wir den gleichen Freundeskreis hatten, ließ es sich nicht vermeiden, daß wir uns öfter sahen. Er war wahnsinnig nett zu mir und rief mich auch öfters an. Im Winter fuhr ich für drei Monate ins Ausland, und ich bekam einige Briefe von ihm, obwohl er es haßte, Briefe zu schreiben. Für mich war unsere Beziehung eigentlich klar, wir waren gute Freunde, aber nicht mehr. Als ich dann wieder nach Hause kam, hätte es fast wieder angefangen, aber zwei Wochen später fuhr ich nach Wien, um dort für längere Zeit zu arbeiten. Jedes Mal, wenn ich für ein paar Tage zu Hause war, verbrachten wir ein paar schöne Stunden zusammen, plauderten über vergangene Zeiten und trennten uns als gute Freunde. Er schrieb mir keine Briefe und rief auch nicht an. Letzte Woche aber rief er zu meinem großen Erstaunen an und fragte mich, wann ich denn das nächste Mal nach Hause komme, er müsse mit mir reden. Auf meine Frage, was denn los sei, sagte er nur, daß er am Telefon nicht darüber sprechen könne. Nach einer Stunde Um-den-heißen-Brei-Reden sagte er: „Ich möchte, daß Du für immer nach Hause kommst und daß Du meine Frau wirst." Nachdem ich mich wieder gefaßt hatte und kurz Luft holte, erklärte ich so schonend wie möglich, daß ich nicht nach Hause kommen könne und auch nicht wolle und daß ich nicht seine Frau werden möchte. Er ließ sich nicht überzeugen, sondern bat mich, in der nächsten Zeit einmal nach Hause zu kommen und mit ihm von Angesicht zu Angesicht darüber zu reden.

Lieber Pater Georg, bitte gib mir einen guten Tip, wie ich das alles am besten löse, ohne ihm zu sehr weh zu tun.

Deine Magdalena

Liebe Magdalena!

Es ist Dir nicht leicht gefallen, den Brief zu schreiben. Um so mehr danke ich Dir. Für Dich sehe ich den großen Wert Deines Briefes darin, daß Du Dich dazu überwunden hast, Dein Problem zu Papier zu bringen und auch die Vorgeschichte darzustellen. Ich nehme an, daß Dir selbst dadurch viel klar geworden ist. Vielleicht wird meine Antwort nur eine Bestätigung Deiner eigenen Entdeckungen sein.

Es ist vielleicht kein Zufall, daß in diesem Zusammenhang gerade Dein Vater auftaucht. Der Wunsch, den Vater nicht zu enttäuschen, genügt nicht, um sich für einen Schul- oder Berufsweg zu entscheiden. Das hast Du gespürt. Deshalb empfinde ich Deine Krankheit, unter der Du lange Zeit gelitten hast, als gesundes Zeichen. Was Deinem Denken nicht gelungen ist, ist Deinem Leib gelungen. Mit der Krankheit hat er sich gegen einen Weg gewehrt, der anscheinend nicht Dein Weg ist oder Dich glücklich machen könnte. Die Krankheit hat Dir eine weiterführende Entscheidung geschenkt. Du magst daran sehen, wie leibhaft Gott in Dein Leben eingreift. So war es übrigens auch bei meinem Ordensvater, dem heiligen Ignatius, dem eine Kanonenkugel die Beine zerschmettert hat. In den langen Monaten des Krankenlagers hat er dann zur Bekehrung und zu einer neuen Karriere gefunden. Er hat fortan nicht mehr im Kriegsdienst, sondern im Dienste Gottes gekämpft und so die Welt geändert. Ganz ist er allerdings die körperlichen Leiden und die Schwächung nicht mehr los geworden – trotzdem oder vielleicht gerade deshalb ist er ein Heiliger geworden und hat so viel für die Menschen erreicht. Die Kränklichkeit ließ ihn wohl immer an seine Gefährdungen denken und hat ihn zugleich vor ihnen bewahrt. Die körperlichen Leiden ließen ihn auch nie mehr das Eingreifen Gottes in sein Leben vergessen.

In dieser Achtsamkeit und Gottverbundenheit liegt wohl das Geheimnis seiner Größe. Auch Du scheinst eine sensible Gesundheit zu haben, also einen Körper, auf dessen Sprache Du genau achten solltest. In Deiner Schulzeit hat Dich die Krankheit im Prozeß des Erwachsenwerdens weitergebracht. Du hast an Selbständigkeit Deinem Vater gegenüber gewonnen. Letztlich wurde das zu einem Geschenk für den Vater, genauso wie für Dich. Denn Deine Eltern wollen auch nur Deine Selbständigkeit und damit Dein Glück. Es scheint, als ob diese Selbständigkeit nicht ohne Schmerzen zu erringen wäre, genauso wie es keine Geburt ohne Wehen gibt. In manchen Situationen sind diese Schmerzen besonders stark, irgendwie aber begleiten sie immer das Selbständigwerden und das Selbständigsein. Es ist immer ein Getrennt*werden* und ein Getrennt*sein* von anderen Menschen, besonders von Menschen, denen wir so nahe sind wie den Eltern. Aushalten und fruchtbarmachen kann man diesen Schmerz und diese Trennung letztlich nur aus dem Erleben, daß jeder einzelne Mensch eine tiefere Verankerung hat in Gott, der uns allen das Leben und die unterschiedliche Berufung gibt. Sollte sich Dein Körper wieder einmal zu Wort melden, könnte es nicht nur die Erinnerung an Deine Gottverbundenheit, sondern vielleicht auch die Herausforderung zu Deiner Eigenständigkeit sein. Dies sind Leitlinien für unseren Weg zur Vollendung.

Ich sehe einige Zusammenhänge zwischen Deinem jetzigen Problem und den Schwierigkeiten, die Du in Deiner Schulzeit im Elternhaus hattest. Deine Entscheidung, die Handelsakademie zu absolvieren, beruhte allein auf dem Gedanken: Du wolltest Deinen Vater nicht enttäuschen. Heute stellst Du mir, eigentlich vielmehr Dir selbst die Frage: Wie soll ich reagieren, um meinem Freund nicht weh zu tun? Eine ernsthafte und tragfähige Beziehung, die auch die äußere Trennung vom Partner aushält und auch in der Zeit der Trennung Fortschritte macht, ist nur einem selbständigen Menschen möglich. Eine solche Beziehung kann nur aus dem Inneren eines Menschen kommen, nicht von außen. Das hast Du deutlich erfahren im Ergebnis Eures gemeinsamen Weges. Inzwischen hast Du Klarheit gewonnen in Eurer Beziehung. Du willst eine gute Freundschaft, nicht aber seine Frau werden. Das ist eine einsame Entscheidung, in die niemand von außen eingreifen kann. Es ist eine Entscheidung, zu der Du auf Deinem inneren Weg gekommen bist. Bei der Verwirklichung mußt Du wieder an das Bild der Geburt denken. Es geht nicht ohne Schmerzen. Diese Schmerzen sprechen aber nicht gegen eine gute Freundschaft, im Gegenteil. Wenn Du Deinen Freund achtest und nicht quälen willst, mußt Du jetzt kompromißlos und mit Mut handeln. Du darfst Dich gerade jetzt nicht in Versuchung bringen lassen. Wenn Du auf seine äußeren Angebote auch nur halbherzig oder nur ein bißchen eingehst, lügst Du. Das könnte Eure Freundschaft gefährden, nicht aber die Ehrlichkeit, die mit einem harten Schritt verbunden ist. Die Härte liegt darin, daß in der jetzigen Situation Worte und das Zusammentreffen, soweit es nicht notwendig ist, in die Richtung führen, in die Du nicht gehen willst. Selbst Worte wie: Ich liebe Dich nicht mehr, ich will nicht Deine Frau werden, muß Dein Freund mißverstehen. Innerlich würde er immer das Vorzeichen ändern und das „nicht" überhören, zumindest nicht spüren. Hören und spüren kann er Deine Entscheidung nur durch Dein Verhalten. Wenn er merken muß, daß Dir anderes wichtiger ist, zum Beispiel Arbeit, Dein Einsatz für andere Jugendliche, andere Freunde, wenn Du ihm einmal sagst, daß Du keine Zeit für ihn hast, dann wird er zuerst vielleicht erschrecken, aber auch beginnen, Dich und Deine Entscheidung ernst zu nehmen. Ich weiß, daß es schwer ist, aber Du ersparst Dir mit dieser Entschiedenheit und Klugheit das Hineinschlittern in eine endlose und lästige Geschichte, die Dich nie freuen wird und Deinen Freund quält. Nimm also auch Rücksicht auf ihn, zumal Du die Stärkere bist. Gleichzeitig kannst Du Dich über den Weg Deines Selbständigwerdens freuen und daraus Hoffnung schöpfen. Deinem Bedürfnis, ihm jetzt nicht weh zu tun, kannst Du also nur mit einer Lüge nachkommen, die Euer Leben viel mehr belasten wird als ein momentaner Schmerz.

Du verstehst es hoffentlich nicht als egoistisch von mir, wenn ich Dir gerade in diesem Augenblick sage, daß ich mich sehr über Deine Freundschaft freue. Dankbar für die viele Hilfe, die Du mir und unseren gemeinsamen Unternehmungen bist.

Dein Pater Georg

Kirche

Wir sehen nur noch Probleme

Lieber Georg,

ich schreibe Dir eigentlich keinen Brief, sondern einen Bericht aus unserer Jugendgruppe, da gibt es Probleme genug, die Du beantworten kannst. Harte Nüsse! Wir haben über die Kirche geredet und was uns stört. Das Ergebnis muß für Dich niederschmetternd sein. Vielleicht auch nicht, weil die Meinung über Gott und den Glauben bei fast allen positiv war. Aber leichter ist es, im Wald zu meditieren und auf den Bergen Gott zu begegnen oder auf einer schönen Reise als in unserer Kirche. Die Kirche ist zu bürgerlich, besser organisiert als der Staat und dadurch noch schlechter, eben ein „Apparat". Die Kirche ist autoritär, wenn ich nur an den Pfarrgemeinderat denke! Da bestimmt sowieso der Pfarrer, die anderen dürfen ihm Weihrauch streuen und nicken. Sonst hätte er sie gar nicht als Kandidaten für die Wahl ausgesucht. Man muß natürlich zugeben, daß der Pfarrer auch nicht viel dafür kann, weil er ja auch von oben total manipuliert wird. Wo hat die Jugend in der Kirche etwas mitzureden? In den meisten Pfarreien will die Jugend auch gar nicht mehr. Man kann sich auch fragen, warum nicht einmal mehr der Wunsch bei den Jugendlichen da ist.

Wie Du weißt, arbeiten wir in der Pfarrei mit und gehören irgendwie zur Katholischen Jugend, aber wir sind echte Ausnahmen. Fast alle Freunde von uns interessie-

ren sich nicht für die Kirche, sie finden sie zu langweilig oder immer auf der Seite der Mächtigen, sie ist zu opportunistisch. Entschuldige, daß ich Dir alles so serviere, aber so wurde bei uns gesprochen, fast ohne Ausnahme. Wir sind gute Freunde und wollen zusammenbleiben, aber es fragt sich schon, was wir mit der Kirche noch zu tun haben und zu tun haben wollen. Die Diskussion hat bei uns fast einen Stein ins Rollen gebracht. Das ist vielleicht gut, damit wir eine ehrliche Entscheidung treffen und nicht nur Schmarotzer im Pfarrheim sind, obwohl wir mit der Kirche eigentlich nichts mehr zu tun haben.

Ist es ein Wunder, daß unter diesen Umständen in der Kirche so wenig los ist, daß sie in manchen Pfarreien fast ausgestorben ist? Das hat unserer Meinung nach vor allem mit den überholten Ansichten zu tun, die auf der Kanzel verkündet werden. Wer interessiert sich schon für die Meinung über die Pille, die Verurteilung der Sexualität. Es lebt doch jeder wie er will. Die Freiheit ist mir auch lieber als die Moral von vorgestern, die niemandem hilft, sondern höchstens noch ein schlechtes Gewissen macht, wenn man sowieso schon Probleme hat.

Wir haben auch über Dich diskutiert. Du mußt ja dem allem widersprechen, weil Du Pfarrer bist. Aber eine Schwalbe macht noch keinen Sommer und außerdem ist es bei Dir so etwas wie ein Clubzwang, daß Du unserer Meinung über die Kirche widersprichst. Wenn Du ganz ehrlich bist, was sagst Du zu unseren Fragen und zu dem, was doch die meisten in unserer Gruppe von der Kirche erlebt haben?

Du mußt uns nicht mit einem Brief antworten. Am besten ist es, wenn Du einmal kommst, dann können wir weiter über die Kirche diskutieren. Sag' jetzt nur nicht, daß Du keine Zeit hast. Das war nämlich auch ein Punkt, der gegen die Kirche spricht. Wenn ein Pfarrer einmal halbwegs gut ist, hat er keine Zeit. Trotzdem grüßen Dich alle herzlich.

In alter Freundschaft *Dein Ernst*

Lieber Ernst, liebe Freunde!

Danke für Euren Brief und für Eure Arbeit in der Gruppe, in der Ihr über die Kirche nachgedacht habt. Die „harten Nüsse" konnte ich gut annehmen und aushalten, weil das Wichtigste bei Euch stimmt. Das ist der Weg des Glaubens, Euer Leben mit Gott. Ich kann nur wünschen, daß Ihr diesen Weg weitergeht und treu bleibt in all dem, wovon Ihr schreibt: Daß Ihr im Wald, auf den Bergen und auf den Reisen Gott sucht und preist. Vielleicht könnt Ihr Euch noch mehr als bisher für die Gerechtigkeit einsetzen und ganz praktisch das tun, was Jesus als das Wichtigste bezeichnet hat: Denen zu helfen, die in Not sind. Im nachhinein werdet Ihr gerade bei diesem Einsatz entdecken, daß Ihr dabei Jesus begegnet seid.

Ihr schreibt, daß die Kirche autoritär und bürgerlich ist, daß viel manipuliert wird und daß vor allem die Jugend nichts mitzureden hat. Besonders getroffen hat mich Eure Analyse, daß die Jugend gar nicht mehr mitreden will. Was die Moral betrifft, „lebt doch jeder, wie er will". Darin liegt sicher ein tiefes Problem nicht nur der Kirchenkritik, sondern die grundsätzliche Frage: Wie sollen wir leben? Bei all diesen Problemen will ich Euch sagen, daß ich die Kirche in Europa ähnlich wie Ihr erlebt habe und erlebe. Vielerorts ist sie tot und unattraktiv.

Zumindest bei uns befindet sich die Kirche sicher in einer ihrer tiefsten Krisen und wie es ausschaut ist die Abwärtsbewegung noch nicht am Ende. Das ist unsere Kirche.

Meine Antwort: Gerade weil ich die Situation ähnlich wie Ihr erlebt habe, habe ich mich entschieden, ganz in dieser Kirche zu arbeiten. Das entstellte Antlitz Christi hat mich berührt und provoziert. Ich möchte in dieser Kirche neue Formen der Gemeinschaft, des Meinungsaustausches, der Konfliktbewältigung, der Liturgiegestaltung, der Jugendarbeit suchen. Ich glaube an eine neue Kirche, allerdings nur dann, wenn von diesem Aufbruch niemand ausgeschlossen ist, wenn sich in jedem Aufbruch alle wiederfinden können, Junge und Alte, Progressive und Konservative. So möchte ich auf die Situation unserer Kirche antworten.

Die kirchliche Situation kann man mit einem Familienkonflikt vergleichen. Der Konflikt stellt uns vor die Entscheidung. Ich kann die Familie verlassen und irgendwo anders einen Lebensraum suchen, von dem ich glaube, daß er leichter oder besser ist. Ich kann aber auch genausogut versuchen, die Familienkonflikte anzunehmen, auszuhalten und meine Kraft und meine Ideen einzubringen, um die Situation zu verbessern. Zur zweiten Entscheidung werde ich kommen, wenn ich die Hoffnung habe, daß meine Eltern und Geschwister genauso wie ich die Versöhnung, die Gemeinschaft, die Zukunft und damit die Veränderung der jetzigen Situation wollen und brauchen. Im anderen Fall steige ich aus und gehe ins Exil. Auf die Kirche übertragen bedeutet das, daß ich mich einer Außenseitergruppe, einer Sekte oder einer Gemeinschaft anschließe, in der nur die Jugend bestimmt und eine Rolle spielt. In diesem Fall lasse ich die

Kirche, wie sie nun einmal ist, die Volkskirche und die Gesellschaft im Stich. Ich persönlich habe mich für die Kirche entschieden und wünsche ihre Veränderung. Ich setze meine Hoffnung auf die Kraft Gottes, die er mir und uns gibt. Ich glaube, daß die Kirche größer und stärker ist als alle Probleme und Nöte, die uns durch die Tradition auferlegt sind. Ich glaube an eine neue Kirche, an eine Kirche, die immer wieder neu wird, weil Gott sie führt.

Liebe Freunde, in diese Kirche seid Ihr eingeladen. Ihr sollt sie übernehmen und laut Eure Stimme erheben. Dabei sollt Ihr aber auf eines achten: daß Eure Forderungen immer von der Liebe zu den Menschen getragen sind, mit denen Ihr in dieser Kirche zusammen seid. So konkret muß Eure Liebe sein, sonst ist es eine Illusion und keine Liebe. Wie echt Eure Liebe ist, spürt Ihr vor allem an Eurem Verhältnis zu dem, was Euch fremd ist. Seid Ihr fähig, Rücksicht zu nehmen gerade auf die Menschen in der Kirche, die ganz anders denken und sind als Ihr? Wenn sie Angst haben und sich deshalb in Gremien und an äußeren Formen festklammern, sind sie besonders in Not und brauchen Eure Liebe, Euer Verständnis und Eure Rücksichtnahme. Gerade die heutige Situation der Kirche kann uns lehren, mutig in der Wahrheit und gleichzeitig stark in der Liebe zu sein. Wer soll die Kraft zu diesem Weg haben, wenn nicht Ihr, die Jugendlichen, die das beste Gespür für die Zeit und zugleich die größte Liebeskraft haben? Gott ist größer als alle Not. Er braucht uns. Fragt also Euer Gewissen, wozu Ihr berufen seid, wie Ihr den Weg zum Heil findet und wie Ihr im ganz menschlichen Sinn dem Heil der Menschen dienen könnt.

Zu Deinen Anmerkungen über Pille und Sexualität

möchte ich doch noch ein Wort sagen. Hier redest Du etwas leichtfertig über Fragen, die in den Kirchen ernsthafter und verantworteter diskutiert werden als in irgendeiner anderen Gemeinschaft oder Einrichtung unserer Gesellschaft. Richtig ist, daß hier Deine Freiheit am stärksten gefragt ist. Du kannst nicht ausweichen, weil es um Deinen Weg mit Gott geht und um seine Weisungen. Ich gebe zu, daß ich selbst auch mit manchen Äußerungen, die aus Rom kommen, Schwierigkeiten habe. Auch viele Moraltheologen setzen sich kritisch mit römischen Stellungnahmen auseinander. Trotzdem dürfen wir uns nicht dispensieren von diesen Fragen, die alle Bereiche des Lebens bis hin zur Sexualität betreffen. Jede und jeder von uns ist persönlich gefragt. Hier geht es um mein Leben. Ich möchte gerne mit Euch über die einzelnen Fragen sprechen. Du weißt, daß dieses Gespräch eigentlich erst dort ernsthaft wird, wo Du Dich vor Gott in der Gewissenserforschung oder auch in einem Beichtgespräch verantwortest. Eine neue Moral brauchen wir sicher. Aber diese neue Moral steht auch unter dem Anspruch des Wortes Gottes, und gerade das möchte ich als das Abenteuer eines christlichen Weges, als das gemeinsame Abenteuer sehen, aus dem heraus Kirche entsteht. Die Gemeinde soll uns die Kraft geben, den Weg zu gehen, den jeder von uns überlegt und gewählt hat. Jetzt habe ich, wie Du ja schreibst, Euch als Pfarrer widersprochen. Aber dieser Widerspruch ist eine Einladung zum weiteren Gespräch, eine Einladung in die Gemeinschaft der Kirche.

Euer Ringen in den Problemen der Kirche macht mir Hoffnung. Mit Euch und allen, die einen ehrlichen und zugleich liebevollen Weg der Erneuerung suchen, will ich gehen. Ich will mit Euch gemeinsam fragen und planen, was in der einzelnen Pfarre, in der einzelnen Gemeinschaft am Ort zu tun ist, damit der Aufbruch der Kirche nicht mehr länger verzögert wird. Abschließen möchte ich mit einer persönlichen Bemerkung. Wenn die Priester keine Zeit haben, so hoffe ich deshalb, weil sie ihre Zeit dieser Frage widmen. Weil wir keine Zeit mehr verlieren dürfen.

Liebe Grüße Euer Georg

Schuld

Ich habe Unrecht getan

Lieber Georg,

Du wirst Dich sicher noch erinnern, daß Irmgard und ich miteinander gegangen sind. In dieser Beziehung bin ich in letzter Zeit in einige Schwierigkeiten gekommen und weiß nicht, was ich tun soll. Angefangen hat es vor zwei Jahren. Damals habe ich mich vor meinen Mitschülern dafür geniert, daß ich noch keine Freundin hatte. Deshalb habe ich mich um Irmgard bemüht. Sie ist ein eher ruhiges, schüchternes, sehr braves Mädchen und eigentlich nicht sehr anziehend. Ich traute mich aber damals nicht an Mädchen heran, die mir äußerlich mehr gefallen hätten, weil ich befürchtete, so ein Mädchen würde mich gleich abweisen und lächerlich machen. Ich war also bei der Wahl, um wen ich mich bemühen sollte, recht gehemmt, weil ich mir nichts zutraute. Am Anfang war sie zu mir eher abweisend, und ich kannte mich bei ihr nicht aus. Nach etwa drei Monaten hatte sie mir dann gestanden, daß sie in mich verliebt sei. Seit diesem Zeitpunkt ist mir immer klarer geworden, daß ich Irmgard eigentlich nicht liebe und daß meine Motive für den Beginn unserer Beziehung wohl nicht die richtigen waren. Trotzdem habe ich mich dann weiter darum bemüht, daß wir zueinander finden. Ich habe mich aber nicht in sie verliebt, auch wenn ich das ihr und mir zuerst nicht eingestehen wollte. Sie hat es aber auch be-

merkt, und es hat sie oft betrübt gemacht. Oft ist es auch zu Auseinandersetzungen gekommen, und die Stimmung zwischen uns war die meiste Zeit belastet und gespannt.

Aus diesen Gründen wollte ich vor einem Jahr unsere Beziehung beenden. Irmgard hat aber so geweint und gejammert, sie könne ohne mich nicht leben, und sie hat mich so bedrängt, daß ich die Beziehung widerwillig fortgesetzt habe. Schließlich sind wir noch letzten Sommer miteinander auf Urlaub gefahren, hauptsächlich weil Irmgard es wollte. Da haben wir dann miteiander geschlafen. Gott sei Dank ist nichts passiert. Inzwischen engagiere ich mich schon einige Monate in der Jugendgruppe einer Pfarre. Durch das zunehmende Gefühl, dort einen Platz zu haben, angenommen zu sein und viel für die Gemeinschaft in der Gruppe tun zu können, habe ich ein viel stärkeres Selbstwertgefühl bekommen. Dadurch bin ich natürlich weniger gehemmt, und vor allem habe ich erkannt, daß ich nicht unbedingt eine Freundin brauche, um anerkannt zu sein. Deshalb, und weil das Verhältnis zwischen uns auch nach dem Urlaub nicht besser wurde, machte ich im Oktober endgültig Schluß. Irmgard wehrte sich wieder verbissen dagegen, aber diesmal setzte ich mich durch. Dann aber traf ich sie zufällig. Sie sagte mir, daß es ihr sehr schlecht geht, daß sie über die Trennung nicht hinwegkommt. Sie vertraute sich aber niemanden, nicht einmal ihrer besten Freundin an, weil sie sich geniert, daß wir miteinander geschlafen haben. Sie sagte mir auch, daß sie vor jeder neuen Beziehung zurückschreckt, weil sie furchtbare Angst hat, sie könnte wieder so enttäuscht und ausgenützt werden. Und so hat sie vor allen Leuten, sogar vor ihren Eltern, eine Maske auf und spielt die Ausgeglichene, wobei sie aber innerlich unter ihrer Einsamkeit und Isolation furchtbar leidet und sich selbst zerfrißt.

Ich bin erschüttert, ich weiß aber, daß es keinen Sinn hätte, die Freundschaft mit ihr erneut zu beginnen. Deshalb habe ich ihr mehrmals gesagt, sie solle offener und ehrlicher zu ihren Freunden sein, und sich so einen Menschen zu ihrer Vertrauensperson machen. Trotzdem fühle ich mich schuldig an ihrer jetzigen Depression, ich spüre, daß ich Verantwortung für sie habe. Wie kann ich das wiedergutmachen? Wie kann ich ihr helfen? Soll ich mich mit ihr weiter treffen?

Lieber Georg, ich wäre Dir dankbar, wenn Du mir helfen könntest, auf meine Fragen eine Antwort zu finden. In Freundschaft

Dein Robert

Lieber Robert!

Du beendest Deinen Brief mit den Worten: „In Freundschaft". Für Deine Freundschaft danke ich Dir aufrichtig. Mit der Ehrlichkeit in Deinem Brief hast Du sie auch unter Beweis gestellt. Beeindruckt hat mich vor allem, wie klar und verantwortungsbewußt Du Deine Beziehung mit Irmgard dargestellt hast. Dies macht es mir leicht, über Deine Fragen nachzudenken: „Wie kann ich das wiedergutmachen? Wie kann ich ihr helfen? Soll ich mich weiter mit ihr treffen?"

Du fühlst Dich schuldig. Darin liegt die Chance für Dich, zugleich ist hier eine Grenze zu ziehen. Laß uns also gemeinsam überlegen, wie Du mit Deiner Schuld jetzt umgehen kannst. Das wichtigste ist, daß Du die Schuld nicht nur auf Deine Seite ziehst. Du mußt die

Verantwortung, die Irmgard in gleicher Weise hat, sehen und damit rechnen. Sonst würdest Du sie entmündigen. Schuld läßt sich nicht prozentual aufteilen, sie hat nur mehrere Seiten. Mathematisch gesehen, ist das eine seltsame Rechnung, die nie aufgeht, nie aufgehen kann. Dieser äußere Widerspruch, daß beide ganz schuld sind und gegenseitige Verantwortung tragen und doch jeder in seinem eigenen Leben steht, hat mit Gott zu tun, der immer größer ist. In der Geschichte Gottes mit den Menschen, wie sie in der Bibel aufgeschrieben ist, findest Du diesen Widerspruch in aller Klarheit. Lies einmal im Alten Testament, der Bibel Jesu, im Buch Deuteronomium, Kapitel 5, Vers 9 und Kapitel 24, Vers 16. An der ersten Stelle heißt es, daß Gott die Schuld der Väter an den Söhnen verfolgt, bis hin zur dritten und vierten Generation. In der zweiten Stelle heißt es, daß die Kinder nicht für die Schuld der Eltern und die Eltern nicht für die Schuld der Kinder verantwortlich gemacht werden können. In diesem Widerspruch liegt das eigentliche Geheimnis, aus dem Jesus selbst gelebt hat. Er hat niemandem die Selbständigkeit abgenommen, hat niemanden entmündigt oder bevormundet, sondern jeden auch in seiner Schuld ernstgenommen. Er hat an die Menschen, die ihm begegnet sind, geglaubt und ihnen zugetraut, daß sie die Kraft zur eigenen Veränderung in sich haben. Er hat ihnen zugesagt, daß sie neu beginnen können, weil Gott ein Gott der Vergebung ist.

Du hast richtig erkannt, daß Du im Moment nicht die Vertrauensperson von Irmgard sein kannst. Laß Dich an diesem Punkt nicht beirren und von einem falschen Mitleid in Versuchung führen. Jetzt darfst Du Irmgard Gott und anderen Menschen, die er als Werkzeuge auserwählt, anvertrauen. Du darfst mit ihrer Selbständigkeit und Kraft zur Veränderung rechnen. Du kannst und mußt für Dich Verantwortung übernehmen, nicht aber für sie. Du darfst auf Gott vertrauen, der sie führt und schützt.

Neben Deinen vielen Gedanken über Eure Partnerschaft kannst Du auch aufarbeiten, was in Dir selbst in Eurer gemeinsamen Zeit geschehen ist. Ich schicke Dir Deinen eigenen Brief wieder zurück, damit Du ihn nochmals lesen kannst. Schau Eure Geschichte an. Vieles kannst Du darin entdecken und daraus lernen. Begonnen hat es damit, daß Du keine Freundin hattest und Dich vor Gleichaltrigen geschämt hast. Wie Du Irmgard schilderst, dürfte es ihr damals ähnlich gegangen sein. So habt ihr in gewisser Weise zusammengefunden, ohne daß Deine Wünsche in Erfüllung gegangen sind. Du hast aber nicht aufgegeben und weiter um Eure Beziehung gekämpft. Vielleicht müßte man auch sagen, daß Du Dich bekämpfen hast lassen, bis Ihr miteinander in den Urlaub gefahren seid und dann miteinander geschlafen habt. So ist es zum Höhepunkt oder Tiefpunkt Eurer Beziehung gekommen und schließlich zum endgültigen Schluß, wo Du von innen her keine andere Wahl mehr hattest. Wenn Du nun das Ergebnis dieser Entwicklung anschaust, wirst Du sie auch richtig beurteilen.

Es ist keine tragfähige Basis für eine Freundschaft, wenn man aus Prestigegründen eine Partnerin sucht. So kann keine Partnerschaft entstehen. Menschen in solchen Situationen können sich gegenseitig nicht das geben, was sie brauchen. Freundschaft und Liebe setzen viel Selbständigkeit voraus, sonst führen sie immer zu einer gegenseitigen Enttäuschung. Wenn dann noch die Sexualität gleichsam als letzter Rettungsversuch dazukommt, wird diese Enttäuschung noch zementiert und den beiden im wörtlichen Sinn auf den Leib geschrieben. Daraus hast Du schon zwei Dinge gelernt: Daß es bei Dir zunächst grundsätzlich um Deine eigene Beziehungsfähigkeit geht und daß die Sexualität einen bestimmten Raum, bestimmte Voraussetzungen braucht, damit sie als Liebe erlebt werden kann – nicht als Ausnützung und Weg in die Isolation.

Du hast mehrfach Glück gehabt, einmal weil „nichts passiert ist", zum anderen, weil Du im richtigen Augenblick in die Jugendgruppe einer Pfarrgemeinde hineingefunden hast. Ich freue mich sehr mit Dir, daß Du Deine Hemmungen ablegen konntest, daß Du an Selbstwertgefühl und echter Anerkennung gewonnen hast. Verantwortliche in Pfarreien sollten im Wissen um dieses große Angebot auf junge Menschen viel attraktiver zugehen, als sie es oft tun. In unseren Gemeinden gibt es ja oft so viel zu tun und so viele Menschen, die eine Gemeinschaft suchen. Wenn man sie anspricht, finden sie in den vielfältigen sozialen Aufgaben die Möglichkeit, ihre Fähigkeit zu entdecken und zu entfalten. Du hast dieses Glück gehabt. Die Dankbarkeit soll Dich auf diesem Weg bewahren und weiterführen, auch gerade dann, wenn Du die Enttäuschungen und die Alltäglichkeit des kirchlichen Betriebes mitbekommst. Je mehr Du an einer Gemeinschaft teilnimmst, um so mehr wirst Du auch an ihrem Leiden teilhaben. Gleichzeitig aber hast Du auch die Möglichkeiten zur Veränderung in der Hand. Eine ähnliche Chance wünsche ich auch Irmgard. Du hast ihr ja schon den entsprechenden Hinweis gegeben, indem Du sie auf eine Vertrauensperson verwiesen hast.

Deine sexuelle Erfahrung ist ein wichtiger Einschnitt in Deinem Leben, Deine Psyche ist anders geworden, festgeschrieben im Leiblichen. Jede künftige Begegnung wird davon bestimmt sein, Du wirst Mädchen mit einer anderen Art entgegentreten als bisher. Damit mußt Du rechnen. Mehr als früher ist jetzt Dein Leib erwacht und spielt in allen Beziehungen mit, die Du aufnimmst. Du hast die Tür zu einem entscheidenden Lebensbereich aufgestoßen. Durch das Scheitern Eurer Beziehung aber hast Du erlebt, daß hinter dieser Tür nur dann der Schatz der Liebe gefunden werden kann, wenn der Raum der richtige ist. Gott selbst hat in den Geboten diesen Raum als Ehe definiert. Der Papst und die Kirche verteidigen diesen gerade heute so heftig – wenn auch nicht immer geschickt und oft bei unpassenden Gelegenheiten –, weil davon das Glück des Menschen abhängt. Ein Leben lang müssen wir um dieses hohe Ziel der Ehe, der Liebes- und Bindungsfähigkeit ringen. Das ist keine einmalige Entscheidung, sondern außerhalb und innerhalb der Ehe ein Weg, den wir ein Leben lang suchen müssen, um bei Gott anzulangen und glücklich zu werden. Starke Erlebnisse und Einbrüche auf diesem Weg sollen das Ziel nicht verdunkeln, sondern in neuer Klarheit aufleuchten lassen. Aufgrund Deiner schwierigen Erfahrungen kannst Du dieses Ziel besser erkennen und daraus die Kraft schöpfen, aus Deiner veränderten Situation etwas zu machen.

Zum Abschluß möchte ich Dir noch einen persönlichen Ratschlag geben: Suche das Wort der Vergebung, wo Du Deine Schuld erkannt hast. Die Beichte ist ein hilfreiches Angebot, das die Kirche im Namen Gottes ganz persönlich macht.

Liebe Grüße Dein Georg

Sekten

Woher haben wir das Recht, andere zu verurteilen?

Lieber Pater Georg,

in letzter Zeit habe ich große Probleme mit Sekten. Meine Freundin hat mir neulich erzählt, daß einige ihrer Klassenkameraden zu so einer Glaubensgemeinschaft gegangen sind. Plötzlich habe ich mich gefragt, wie ich in ihrer Situation reagiert hätte. Ich weiß zwar nicht genau, wieso diese Leute zu dieser Sekte gegangen sind. Soviel aber habe ich herausbekommen: Sie hatten Probleme mit den Eltern, mit der Familie, mit der Umgebung und hatten sich die Frage nach dem Sinn ihres Lebens gestellt. In der Sekte nun finden sie Geborgenheit in der Gruppe, eine Geborgenheit, die eine Familie oder eine kirchliche Gemeinschaft in unserem Sinn kaum bieten kann. Außerdem wird ihnen ein Sinn gegeben, den wir zwar als Außenstehende oft nicht verstehen, der ihnen aber alles bedeutet. Haben wir nun überhaupt das Recht zu versuchen, diese jungen Leute von ihrem Weg abzubringen? Sie von ihrer Kirche wegzuziehen, weil unser Glaube „der einzig wahre" ist?

Wir haben dieses Thema auch einmal in unserer Jugendgruppe besprochen. Da bot sich zuerst das übliche Bild. Man schimpfte auf die „bösen und grausamen Sekten" und auf deren Führer, die sich nur selbst bereichern wollen, und das auf Kosten der kleinen Mitspieler. Erst ein kleiner Einwurf, man solle doch unsere Kirche mit diesem „Übel" vergleichen, eröffnete für uns eine neue Perspektive. Ich denke da zum Beispiel an die Klöster im Mittelalter: Sie horteten Geld und Reichtümer, gegen die manchmal das Vermögen heutiger Sektenführer fast lächerlich wirkt. Daß dieses Horten im Namen Gottes geschah, freute Gott sicher nicht. Auch die Inquisition ist mit dem Psychoterror, der auf ausgetretene Sektenmitglieder ausgeübt wird, zu vergleichen. Jede Sekte bezeichnet sich als die einzig seligmachende – das war aber lange Zeit auch die Meinung unserer katholischen Kirche über sich selbst. Dies alles brachte uns zu der Auffassung, daß die Kirche aus den Fehlern der Sekten lernen könnte; daß aber auch die Sekten vielleicht von uns im guten Sinn dazulernen könnten.

Ich weiß also jetzt nicht genau, auf welcher Seite ich eigentlich stehe und wie ich mich Sektenmitgliedern gegenüber verhalten soll. Deshalb bitte ich Dich um eine baldige Antwort.

Dein Bernhard

Lieber Bernhard!

Der Zwiespalt, den Du mir in Deinem Brief so eindrücklich beschreibst, erscheint mir sehr positiv, denn er zeigt die Art und Weise, wie man an dieses aktuelle Problem herantreten muß. Es gefällt mir, wie kritisch Du Dich mit den pauschalen Vorwürfen und Einwänden gegenüber Sekten auseinandersetzt, indem Du die „grausamen und bösen Sekten" unter Anführungszeichen setzt und fragst, ob die Kirche von ihnen nicht lernen könnte, zumal Du ernsthafte Gründe erkennen kannst, warum junge Leute zu Sekten gegangen sind. Weil sie dort Geborgenheit und Sinn finden, wie es ihnen in der Kirche nicht geboten wurde. Wir müssen auch zugeben, daß die Kritikpunkte an den Sekten, ihr Reichtum, der Psychoterror und die Behauptung, allein seligmachend zu sein, auch zur Geschichte der Kirche gehören. Diese Kritik und Selbstkritik ist sicherlich eine richtige Haltung in Deiner Frage, wie Du Sektenmitglieder begegnen sollst.

Meine Antwort möchte ich auf einen alten Satz aus der scholastischen Philosophie aufbauen, der heißt: ‚Das Gute kommt aus einer integren Ursache, das Schlechte ergibt sich, wenn ein kleiner Punkt defekt oder fehlerhaft ist.' Die Kirche unterscheidet sich von Sekten darin, daß sie sich grundsätzlich auf die Weltprobleme und im wörtlichen Sinn auf die Politik ausrichtet. Dieser Grundsatz galt auch für die Kirche im Mittelalter, deren Verhaltensweisen, wie Du schreibst, heutigen Sekten ähnlich war, wollte sie doch das Abendland, die Welt als ganze christianisieren. Im Gegensatz dazu steht der Dualismus von Sekten, die zwischen ihrer inneren heilen Welt und einer bösen Welt draußen trennen. Ich möchte hier den entscheidenden Fehler jeder Sekte erklären: Unser Leben ist notwendig mit der ganzen Welt verflochten. Denk nur an die Bereiche des Berufes, der Freizeitgestaltung oder der persönlichen Beziehungen. Sekten tendieren dazu, große Teile dieser Lebensfelder auszugliedern und ihren Mitgliedern zu entziehen. Sie dämonisieren gerne verschiedene Bereiche der „bösen" Welt. In diesem Dualismus sehe ich die eigentliche Gefährdung.

Für Dein eigenes Nachdenken möchte ich drei praktische Kriterien angeben:

Die grundsätzliche Kritik des Dualismus soll nicht heißen, daß die Kirche nicht auch manches von den Sekten lernen könnte. Es wäre eine zu billige Haltung, nur zu sagen, hier ist die gute Kirche, die sich der Welt stellt und die Menschen für die Welt öffnet, und dort sind die bösen Sekten, die den Menschen vom eigentlichen Leben abschneiden. Nein, wir können von den Sekten auch lernen! Es ist eine alte Weisheit, daß wir uns nur selbst ändern können. Erst dann dürfen wir die Hoffnung haben, auch anderen eine Hilfe und Orientierung geben zu können. In dieser Bereitschaft, aus einer schwierigen Situation und einer problematischen Begegnung zu lernen, ist meiner Meinung nach die Hauptperspektive in der Auseinandersetzung mit Sekten enthalten. Wenn uns dieses Problem ins Gespräch mit Menschen bringt, deren Weg wir nicht verstehen, so werden wir herausgefordert, unsere eigenen Schwächen zu sehen. So können Sekten zur Hilfe für uns werden, indem wir ihnen manches für unseren eigenen Weg abschauen. Der richtige Umgang und die Auseinandersetzung mit ihnen kann tatsächlich zu dem Aufbruch in der Kirche und unserer Jugend führen, den wir erwarten.

Von einer ungewöhnlichen Seite her habe ich auch mit Sekten zu tun und denke viel über sie nach. In meiner Arbeit bin ich vor allem mit Jugendlichen zusammen, die oft von Geburt an verwundet sind, an Verwahrlosung leiden und sich aus Sehnsucht nach einer anderen, glücklicheren Welt in die Drogenwelt verführen lassen. Sie wollen vergessen und wenigstens für ein paar Stunden Trost finden. Das Erwachen wird jedoch mit der Zeit immer ärger. Manchmal werden die vom Schicksal gezeichneten Menschen in den Bann von Sekten gezogen, und es gibt einige Berichte, wonach in diesen Gemeinschaften Heilungen geschehen, die unglaublich erscheinen. Die Heilungsberichte der Sekten beschäftigen mich so stark, daß ich unseren Schützlingen gelegentlich sogar wünsche, daß sie von einer Sekte gepackt würden, um ihrer Krankheit und den teuflischen Abhängigkeiten entrissen zu werden. Es wäre doch besser, ein gesundes Sektenmitglied zu sein, als ein gescheiterter Katholik. So denke ich manchmal. Allerdings bin ich mir bewußt, daß diese Gedanken eine Versuchung sind, mich selbst und meinen Weg aufzugeben, und dorthin zu flüchten, wo alles einfacher erscheint, die Erfüllung für mich aber nicht liegt. Positiv gesagt heißt das, daß ich die Sekten wie ein Spion beobachten kann, um die Kräfte meines eigenen Weges zu verlebendigen. Muß man nicht erstaunt sein, mit welchem Mut uns Sektenmitglieder auf der Straße ansprechen und an unseren Türen klingeln? Mit welcher Entschiedenheit sie ihre Heilsangebote machen?

Etwas Zweites ist, daß man immer stärker zwischen einzelnen Gruppen unterscheiden muß. Viele der Freikirchen, die man leichtfertig als Sekten bezeichnet, sind in Wirklichkeit gesunde und lebendige Gemeinschaften, die tolerant sind und offen für die Welt. Außerdem ist zu sehen, daß heute alle sogenannten Sekten in einer Entwicklung begriffen sind. Gerade wenn sie wachsen, gilt das soziologische Gesetz, daß die zunehmende Zahl ihrer Mitglieder ihre Abgeschnittenheit von der Welt aufbricht. Wenn eine Sekte eine bestimmte Größe erreicht, verändern sich ihre inneren Probleme und geben einer toleranteren Haltung Platz. Die Welt fließt immer mehr in sie selbst ein und bestimmt ihre Ausrichtung. Diese Entwicklung mag unsere Vorurteile in der Begegnung abbauen und uns anspornen, die Weltsicht der Sekten zu diskutieren und aus ihren Fehlern zu lernen. Wir sollen dabei auf das eine achten, daß Gott ein Gott aller

Menschen ist. Jede Gemeinschaft, die seinen Namen trägt, ist am Kriterium zu messen, wie sehr sie sich dem Dienst in der Welt stellt. Jede „Komm-und-sieh"-Ideologie ist daraufhin zu befragen, wie sehr sie sich in den Dialog hineinwagt und nach außen hin lernbereit ist.

Ein drittes Problem ist die Art und Weise, wie geschlossene Gruppen mit Mitgliedern umgehen, die aus irgendeinem Grund die Gemeinschaft verlassen. An der Bereitschaft, die eigenen Mitglieder zu entlassen, zeigt sich die Gesundheit und Stärke einer Gruppe. Wie geht es den Ausgetretenen? Können sie dann noch gut leben, oder sind sie so geschädigt, daß sie irgendwo anders keine Lebensmöglichkeit mehr haben?

Mich lehrt Jesus am besten, wie man sich Sektenmitgliedern gegenüber verhalten soll: Er war offen für alle Probleme in seinem Volk. Und er hat die Werte in den anderen Völkern aufgedeckt und seinem Volk vorgehalten, indem er die hohe Menschlichkeit der Fremden – für ihn heißt das: der Heiden – seinem eigenen Volk als Ideale vorgestellt hat. Deshalb wollten ihn zum Beispiel die Bewohner von Nazaret steinigen. Das Lernen von Fremden ist ein radikaler und provozierender Prozeß. Unter diesem Anspruch sind die Gemeinden bis heute gestellt, wenn sie sich auf Jesus berufen. Ich möchte dir raten, Deine Gemeinschaft, angefangen von Schulklasse und Jugendgruppe bis hin zur großen Kirche, daran zu prüfen – und weiterzuerzählen, was Jesus uns lernen läßt. Er stiftet eine Gemeinschaft, die Geborgenheit schenkt und gleichzeitig niemanden ausschließt. Zu seiner Gemeinschaft gehört wesentlich, die Würde des anderen und Fremden – biblisch gesagt: die göttliche Ebenbildlichkeit jedes Menschen – ganz in die Mitte zu stellen. Es gibt also nicht das Böse, das nur außerhalb ist, es ist auch in unserer Mitte und in jedem von uns, genauso wie in jedem von uns der Geist Gottes wirkt.

Damit hoffe ich, Deine Unsicherheit, auf welcher Seite Du eigentlich stehst, aufgelöst zu haben. Mit Mut und Liebe können wir Christen den Sekten begegnen und auf sie zugehen. Jedenfalls haben die Sekten schon begonnen, die Freundschaft zwischen Dir und mir zu vertiefen.

Dein Pater Georg

Freundschaft

Beziehung muß wachsen

Lieber Georg,

weil ich schon lange nichts von Dir gehört habe und weil ich Dich unbedingt etwas fragen will, schreib ich Dir. Wie geht's Dir denn? Du scheinst recht viel zu tun zu haben – wie immer –, weil Du uns noch gar nicht besucht hast. Du weißt, Du bist bei uns immer willkommen!

Mir sollte es eigentlich gut gehen, weil ich noch Urlaub habe, aber mir geht es doch schlecht. Ich bin sehr von einem lieben Freund enttäuscht worden, der mir zuerst ein guter Kumpel war, mir dann aber eigentlich sehr ans Herz gewachsen ist, unter anderem durch einen recht intimen Abend, wenn Du weißt, wie ich das meine. Nach einer Woche hat er mir gesagt, daß er nichts für mich empfindet und daß es ihm leid tut, weil er weiß, wie weh mir das tut. Ich kann solche Floskeln nicht mehr hören. Ich habe wirklich nicht den Eindruck, daß er mir nur irgendwelche Gefühle vorspielt, im Gegenteil. Er hat sogar gesagt, daß er sich bei mir sehr wohl und geborgen fühlt. Es ist ihm halt zu schnell gegangen. Jetzt kann er sich nicht einmal mehr einen Kumpel in mir vorstellen.

Einmal möchte ich auch so in den Tag hineinleben, wie so viele Männer das tun. Ich habe einfach keine Lust mehr, immer die zu sein, die Gefühle investiert, die immer nur gibt und als Dank am Ende alleine dasitzt. Ich weiß, daß Geben seliger als Nehmen ist, und mir macht es auch ungeheuren Spaß, andere einzuladen, heimzubringen und ihnen Freude zu machen. Nur glaube ich langsam, daß es doch nicht der richtige Weg ist, weil ich so fast ständig auf der Nase liege. Dabei würde ich mich so nach jemandem sehnen, der mein Freund sein will. Vielleicht würde das vieles lösen, aber vielleicht ist gerade diese Sehnsucht ein Hindernis für die, die sie spüren, weil sie sich eben zu einer Beziehung „überrumpelt" und dann eingeengt fühlen. Am liebsten möchte ich eiskalt werden und nichts mehr fühlen. Und noch trauriger ist, daß von denen, die meine Freunde sind, nicht einmal dann ein bißchen Zeit und ein Ohr gegeben wird, wenn ich schon sage: „Ich bin traurig." Sie wissen zwar schon, worum es geht, aber ist es zu viel verlangt, wenn ich sie dann bitte, bei mir zu sein, auch auf die Gefahr hin, daß sie immer dasselbe Lied hören? Ich weiß, ich bin unbescheiden, von Dir auch noch – trotz Deiner Arbeit – einen Teil Deiner Zeit in Anspruch zu nehmen. Aber es war schon erleichternd, Dir das alles zu schreiben. Danke im voraus für eine kurze schriftliche Zusammenkunft. Verzeih meine Untreue, und daß ich mich so lange nicht bei Dir gerührt habe!

Deine Marisa

Liebe Marisa!

Du bist treu, auch wenn wir uns lange nicht gesehen haben. Du hast mir viel anvertraut. Du hast von Deinem tiefsten Leid geschrieben, das darin besteht, daß Du Dich immer wieder zu sehr als die Gebende empfindest. Du bist enttäuscht vom Umgang mit Männern, die Deine Sehnsucht nach Freundschaft nicht erfüllen. Trotz Deiner Offenheit und Deinem Entgegenkommen entstehen keine dauerhaften Beziehungen, die Dich glücklich machen. Ich schreibe Dir gerne, auch wenn ich als Priester Dein Problem von einer anderen Seite erlebe. Und doch habe ich das gleiche Grundproblem wie Du, weil ich mich auch nach ernsthafter und treuer Freundschaft sehne, nach einer Gemeinschaft, in der es mir gut geht.

Ich kann Dein Unglück mitempfinden. Auf diesem Weg mußte ich als erstes lernen, daß die einzige Möglichkeit, ein solches Unglück zu überwinden, darin besteht, daß ich mich selbst ändere. Unsere Welt gefällt mir auch nicht, wie sie ist. Ändern können wir sie nur, indem wir unser Verhalten ändern. Das mag für Dich jetzt moralisierend und wie eine zusätzliche Anforderung in Deiner Bedrückung klingen, ist aber in Wirklichkeit sehr befreiend. Es sagt nämlich, daß es für Dich sehr einfach ist, andere Erfahrungen zu machen. Unter dieser Rücksicht möchte ich Dir ganz offen schreiben. Der Kumpel war enttäuscht, wie Du schreibst, weil es ihm zu schnell gegangen ist. Da sehe ich einen ersten Ansatzpunkt für Dich. Du hast das Gefühl, zu viel gegeben zu haben, Dich fast weggeworfen zu haben. In Wirklichkeit hast Du damit die Beziehung und den Freund überfordert. Diese schmerzliche Einsicht kann Dich jetzt dazu bringen zu sagen: Ich will zurückhaltender werden, ich will sensibler auf die Signale der wachsenden Beziehung achten und erst dann mehr geben, wenn dieses Mehr erwünscht und ersehnt und nicht nur genommen wird. An dieser Achtsamkeit entscheidet sich alles.

Wir alle haben ein großes Bedürfnis, uns hinzugeben. Das ist zutiefst menschlich. Dieses Bedürfnis zu lieben ist aber immer begleitet von der Versuchung zuviel zu tun, zu schnell am Ziel sein zu wollen. Indem wir zum Beispiel zu starke Zeichen im körperlichen Ausdruck setzen. Solche Abkürzungen zerstören viel. Das kannst Du in Deiner Leiderfahrung und besser noch, positiv, an Deinem Leben nachprüfen. Denke einmal nach, welche Beziehungen und welche Zeiten für Dich die schönsten waren. Waren es nicht Zeiten der gefühlvollen und erotischen Begegnung, in denen die Sehnsucht und das Abenteuer der Liebe besonders stark waren? Wurdest Du nicht verwandelt und bist aufgeblüht in Zeiten, wo Du gezwungen warst, von der Zukunft zu träumen, von der Zärtlichkeit, die im Wort, im Blick, in der Berührung und im Zusammensein noch möglich ist? In dem Augenblick aber, wo Du dieses Träumen überschritten hast, wo Du nicht genügend auf den inneren Weg des Partners geachtet hast, da hast Du ihm Angst gemacht und ihn zurückgestoßen, hast Deinen eigenen Traum zerstört.

Wir sind für die Liebe geschaffen. Die Liebe ist eine Kunst, die man lernen kann. Das Lernen besteht gerade darin, die eigentliche Dimension des Lebens – das ist das Herz und das Gefühl – auszuleben und auszukosten, aber auch auszuhalten. Wir dürfen die Spannung zur Ganzhingabe nicht vorschnell auflösen. Es ist tödlich, das behutsame und ständige Wachsen der Liebe zu überspringen. Das ist dann so, als ob wir dem Wachstum einer zarten Pflanze nachhelfen wollten. Damit reißen wir sie aus. Deshalb noch einmal mein Ratschlag: Nimm Dir vor, in der Frage der Ganzhingabe möglichst zurückhaltend zu sein. Nimm Dir aber auch noch mehr als bisher vor, nach kleinen Zeichen der Liebe zu suchen. Du darfst noch mutiger werden, nun mit all Deinen Kräften, Liebe und Angenommensein zu suchen. Als Grenze und Leitlinie sage Dir: Ich möchte immer die freie Antwort des anderen bekommen. Ich will sie abwarten, ich kann sie nur wecken und suchen, niemals aber erzwingen oder überspielen. Wenn Du mit einer solchen ehrfürchtigen Haltung auf Menschen zugehst und ihre freie Antwort suchst, ohne sie besitzen zu wollen, dann wird sich dieses leidvolle Problem für Dich lösen.

Wenn Du für Deine Beziehungen eine klare Zielsetzung hast, wirst Du im Umgang mit anderen freier werden und kannst mit großer Sicherheit Beziehungen beurteilen. Vielleicht kann Dir ein biblisches Bild helfen. Es besagt, daß Gott den Menschen als Mann und Frau geschaffen hat – und zwar so ursprünglich, daß beide zusammen „ein Fleisch" sein werden. Diese ganze und ursprüngliche Gemeinschaft zu zweit ist das Ziel, auf das hin wir geschaffen sind. Wir dürfen auf eine unauflösliche Bindung hinstreben, die so endgültig ist, daß sie auch nicht durch Krankheit, Alter oder Konflikte aufgegeben werden kann. Dieses Ziel, das durch die Schöpfung in den Menschen hineingelegt ist, ist etwas Größeres als momentaner Lustgewinn, als ein lockeres Spiel miteinander, oder als eine Zweckgemeinschaft. Was das Ziel betrifft, mußt Du nie Abstriche machen, vielmehr kannst Du von daher all Deine Beziehungen betrachten. Dann wirst Du kritisch und selbstkritisch werden. Deine Schritte auf das Ziel hin werden nie alles sein, sondern eine innere Dynamik bekommen. Du wirst verliebt sein, was nichts anderes heißt als ausgespannt sein auf das größere Ziel. Es wird Dir helfen, auf die Verliebtheit zu achten und sie zu genießen.

Was kannst Du tun, um Deine Beziehung und Deine menschliche Würde zu entdecken? Eine große Hilfe ist sicher, wenn Du lernst, Jesus zu lieben und viele Menschen anzunehmen – ohne die Absicht, gleich den Mann zu finden, für den Du bestimmt bist und der für Dich bestimmt ist. Das ermöglicht Dir, eine Frau zu werden, die in den Liebeszeichen zurückhaltend und trotzdem stark ist, Du wirst immer mehr entdecken, was Du wert bist, lange bevor Du etwas gibst und vor allem lange bevor Du Dich ganz gibst. Es gibt viele Hilfsmittel, die Dich auf diesem Weg zu einer Meisterin machen können.

Wichtig ist die Reflexion, um die Kunst der Liebe zu lernen. Wenn Du mitmenschliche Erfahrungen in der Mitarbeit oder Leitung einer Gruppe machst, wenn Du in Deinem Beruf als Krankenschwester oder im Umgang mit Randgruppen Dich gerade bei kleineren Begegnungen fragst: „Was habe ich falsch gemacht?" und – wichtiger noch: „Was habe ich richtig gemacht?" Suche jemanden, der mehr Erfahrung mit Beziehungen hat, erzähle ihm regelmäßig, was Du in der letzten Woche erlebt und wie Du Dich verhalten hast. Dein Begleiter oder Deine Begleiterin kann Dir dann leicht Deine Fehler aufdecken und Dir helfen, es in der nächsten Woche anders zu machen. Besonders wertvoll wird diese Supervision, wenn Du jeweils auch das Ziel sagst, mit dem Du in eine Begegnung gegangen bist und dann vergleichst, wie das Zusammensein ausgegangen ist. Von mir kann ich sagen, daß ich große Freude daran habe, junge Menschen auf diesem Weg zu begleiten und zu beobachten, wie schnell sie die Kunst der Liebe lernen. Mein persönlicher Ratschlag zum Schluß: Nimm Deine Suche nach Beziehungsfähigkeit ins Gebet hinein, damit Deine Erwartungen nie bescheiden werden. Wenn Du die angedeuteten Hilfen annimmst und auf den einen Punkt, auf die Zurückhaltung achtest, dann wirst Du große Freude erleben. Jetzt schon kannst Du Dich freuen, weil Deine Fehler eigentlich klein sind.

Dein Georg

Jugendclub

Wann ist eine Gemeinschaft Kirche?

Lieber Georg,

ich erlebe Kirche in unserer Pfarrei im Rahmen des Jugendclubs. Da ist eine halbwegs überschaubare und abgeschlossene Gesellschaft, in der sich meine religiöse Erfahrungswelt abspielt: Gebetskreise, Gemeinschaftsaktionen, allerlei Freundschaften, Messen und vieles andere. Wir sind eine kleine Gemeinde, die sich zur Kirche bekennt und sich auf ihre Art und Weise um Gott bemüht. Ich bemerke aber in diesen Tagen, daß mich verschiedene Vorgänge in der hohen Amtskirche eigentlich nicht wirklich berühren. Wer in Wien nun Bischof ist und wer nicht, davon fühle ich mich nur am Rande betroffen. Durch den obersten Chef der Wiener Katholiken sehe ich keine direkte Auswirkung auf mich. Auch die Gesamtkirche erlebe ich nicht als die mich stützende Glaubensgemeinschaft, dazu ist sie viel zu groß und zu anonym. Es ist der winzig kleine Jugendkreis, der für mich der Inbegriff der Glaubensgemeinschaft ist. Sind das nun schon ketzerische Isolationsgedanken, die im Grunde genommen eine katholische Kirche ablehnen und an ihrer Stelle nur eine Kleinstgemeinde stellen wollen, vielleicht sogar eine autonome?

Glaube an Gott und Bekenntnis zur Kirche sind mir wichtig, beides ist irgendwie selbstverständlich für mich. Dennoch sind das für mich klar getrennte und voneinan-

der nur teilweise abhängige Begriffe. Ich will mich nicht dem Slogan „Jesus ja – Kirche nein“ anschließen. Allerdings verstehe ich die Leute, die so denken, wenn sie nicht über ein Gemeinschaftserlebnis Anschluß an die Kirche gefunden haben. Ist es nicht fast Bedingung, bei irgendeinem kirchlichen Verein mitzutun, um an der großen Kirche Anteil nehmen zu können? Wie weit macht man sich zur eigenen Kleinkirche, wenn man mit viel Freude und Idealismus in der Gemeinde arbeitet und einem die restliche Kirche ziemlich egal ist?

Ich bin auf Deine Antwort schon sehr gespannt!

Dein Arnulf

Lieber Arnulf!

Danke für Deinen Brief, durch den Du mich in Eure „Kleinstgemeinde“ hineinschauen läßt. (Übrigens finde ich den von Dir geprägten Ausdruck „Kleinstgemeinde“ originell und zutreffend.) Ich freue mich, daß Ihr einen so lebendigen Jugendclub habt, von dem Du menschlich getragen wirst. Du stellst mir nun die Frage, ob ein solch ausschließliches Leben in einer Kleinstgemeinde katholisch ist. Das ist ein Problem, das mir immer öfters begegnet, weil es viele Gruppen gibt, die in der Großgemeinde, in den Strukturen der Kirche, also in der Amtskirche zu wenig Erfahrung, zu wenig Glaubensleben und zu wenig Gemeinschaft finden. Wie bei Euch steht dahinter viel Idealismus und Bereitschaft, sich einzusetzen. Das besondere bei Dir scheint mir aber Deine Achtsamkeit auf die mögliche Isolation und Dein Interesse an der Gesamtkirche zu sein. So lange Du Dich in diese Spannung hineinstellst, wirst Du den rechten Weg finden. Ich möchte nun zur Situation der Kleinstgemeinden in der Kirche etwas sagen. Meine Antwort wird vielleicht über Deinen Brief hinausgehen, sie soll Dich einfach zum weiteren Nachdenken anregen.

Kleinstgemeinden sind das Urelement, die Urzelle der einen katholischen und apostolischen Kirche, zu der wir uns im Credo bekennen. Diese Kirche kann nur aus solchen Erfahrungsräumen leben. In diesem Sinne müßte jede Familie, die christlich leben will, eine Hausgemeinde sein. Gemeint ist damit nichts anderes als das, was Du in Deiner Familie und in Deinem Jugendclub gefunden hast. Gott sei Dank gibt es heute immer mehr solche kleine und ernsthafte Gemeinden, in denen erlebt und erfahren werden kann, was Christsein heißt. Zumal die Familien oft den Charakter einer solchen christlichen Hausgemeinde verloren haben, kommt diesen Gruppen in der Kirche entscheidende Bedeutung zu, weil sie vielfach die einzige Chance für einen jungen Menschen sind, den Glauben zu erleben. Wie könnte anders der Glaube weitergegeben werden?

Nun gibt es unterschiedliche Typen von solchen Gemeinden. Sie unterscheiden sich voneinander dadurch, daß sie nicht in gleich kritischer Weise wie Du nach ihrer Beziehung zur Großkirche und zur Welt fragen, oder dadurch, daß sie diese Frage nach dem Weltbezug unterschiedlich beantworten. Ein erster Typ ist jene Gemeinde, in der die Leute ungefähr so sagen: ‚Wir haben die ideale Gemeinschaft gefunden. Wir haben jenes Rezept, das alle selig macht.' Deshalb treten sie selbstbewußt mit der Botschaft an alle anderen heran und sagen: ‚Ihr müßt auch so werden wie wir!' Das Problem dieser Art von Kleinstgemeinde sehe ich darin, daß sie die Vielfalt nicht anerkennt. Sie neigt dazu, zu vereinamen und zu unterdrücken. Sie kann nicht den Anspruch erheben, im Wortsinn „katholisch", das heißt „allumfassend" zu sein. Ich glaube nicht, daß Jesus so exklusiv seine Gemeinde wollte. Er wollte vielmehr, daß in den Gemeinden Glaubenserfahrungen gemacht werden, aus denen heraus jeder einzelne die Kraft und den Blick gewinnt, die Welt und Probleme der Zeit zu sehen, sie anzunehmen und sich mit ihnen auseinanderzusetzen.

Ich sehe einen zweiten Typ von Gemeinden, der sich da und dort herausbildet, der offener ist als der erste. Hier sagen die Leute: ‚Wir wollen einfach Erfahrungen des Glaubens machen, wir sind tolerant gegenüber allen anderen Wegen in der großen katholischen Kirche. Es soll und darf jeder seinen Weg gehen und seine Gemeinschaft bauen.' Positiv finde ich diese Toleranz und Offenheit auf alle anderen hin, aber da fehlt mir die Auseinandersetzung mit den anderen. Hier sehe ich die Gefahr, daß die Glaubenserfahrung weltlos und jenseitig wird, weil die wirklichen Probleme unserer Gesellschaft außer acht gelassen werden. Nun ist es aber Aufgabe einer christlichen Gemeinde, die Probleme zu sehen, die in der Welt da sind, etwa die Spannungen zwischen Jüngeren und Älteren, zwischen Männern und Frauen, zwischen Linken und Rechten, zwischen Armen und Reichen. Es ist zu wenig, wenn man jeden seinen Weg gehen läßt und sich nicht für ihn interessiert. Die Probleme und Spannungen der Welt müssen die Themen und Aufgaben unserer Gemeinden sein. Das Problem am zweiten Typ von Gemeinde sehe ich also darin, daß sie sich zu wenig dem Lernprozeß aussetzten, der durch die Auseinandersetzung mit Andersdenkenden und durch die in der Welt vorhandenen Spannungen beginnt.

Welche Gemeinde ist nun katholisch? Diese Gemeinde müßte sagen: Jede und jeder darf zu uns kommen und bei uns mitmachen, wenn sie unsere Form des Zusammenlebens akzeptieren. Wir wollen, daß mit den Menschen immer neue und auch fremde Erfahrungen aus der Welt in unsere Gemeinde hereinkommen. Mit ihnen wollen wir uns auseinandersetzen, genauso wie wir uns auch mit der Amtskirche und unserer Tradition auseinandersetzen – natürlich in Liebe, das heißt im Wissen, daß wir selbst als Gemeinde zu dieser Amtskirche und Tradition gehören; es ist eine Auseinandersetzung von innen und keine Kritik von außen. Eine katholische Gemeinde ist für den Dialog offen – aus dem Wissen heraus, daß der Schöpfer aller Menschen und Dinge ihr Herr ist.

Lieber Arnulf, nun ist es an Dir, Eure Kleinstgemeinde zu prüfen und mit den skizzierten Tendenzen zu vergleichen. Du mußt Eurem Jugendclub die Frage stellen, ob Ihr genügend an den Problemen der Großkirche leidet, an den vertrockneten Ortsgemeinden, an den offenen Fragen, wie wir leben sollen, an den vielen Menschen, die bei uns in allernächster Nähe scheitern und keine Zukunft haben. Ist das die Welt Eurer Gemeinde? Frage Dich selbst, zu welchem Typ von Gemeinden Eure Kleinstgemeinde gehört.

Eure Gemeinschaft hat Zukunft, wenn Ihr Euch vom Leiden der Welt und der großen Kirche herausfordern laßt. Es ist Eure Aufgabe, dieses Leiden aufzudecken und zu Wort zu bringen und dabei keinen Lebensbereich aus Eurer Achtsamkeit auszuschließen. Wir gehören zur einer großen Kirche. Alle ihre Probleme sind uns und unseren Gruppen auf den Leib geschrieben. Zu uns gehören auch die vielen Menschen, die in der Kirche nach Heil suchen und nicht so schöne und glückliche Glaubenserfahrungen machen können, wie Du sie in Eurer Kleinstgemeinde findest. Vielleicht könnt Ihr immer mehr jungen Menschen solche Erfahrungen eröffnen. Das ist der Dienst der Versöhnung, den der Apostel Paulus seinen Gemeinden und damit auch uns aufgetragen hat mit dem Bekenntnis: „Christus ist unsere Versöhnung."

Dankbar für die Gemeinschaft und die Versöhnung, die uns geschenkt und aufgetragen ist, grüßt Dich

Dein Georg

Verwundet

Mit der Sünde des Vaters leben

Lieber Pater Georg,

die Frage von Dir „Wie geht's Dir mit Deinem Vater?“ rüttelt ganz vehement an meinem Unterbewußtsein. Die Ursache meiner beeinträchtigten Vaterbeziehung, die ich tunlichst an der Peripherie meines Seins abgestellt hatte, wühlte sich seit Deiner Frage stetig ins Zentrum und „besetzte“ mich. Ich glaube, nun Ursache und Folgen (familiär und allgemein zwischenmenschlich) klar in mir zu haben.

Die Folgen kennst Du ja schon: ich komme einfach nicht mit meinem Vater zurecht, obwohl ich ihn im allgemeinen sehr hoch schätze und ihn mir – laut Erzählung der Familie – in meiner Entwicklung zum Vorbild nahm. Bevor ich nun zum Kern der Sache komme, will ich Dir noch sagen, daß das Ringen um die Erkenntnis fast gleich schwierig war wie das Ringen um die Mitteilung. Wer weiß noch davon? Ein früherer Beichtvater.

Als ich noch ein kleines Mädchen (mit so 11 Jahren) war, hatte sich mein Vater sexuell an mich herangemacht. Die direkten Folgen waren Verstockung, Unbehagen, Vertrauensentzug, große Unsicherheit und eine abgrundtiefe Verachtung. Das ganze steht in krassem Kontrast zum sonstigen Erscheinungsbild meines Vaters: ein besorgter, liebevoller, achtenswerter Idealvater. Die für mich negative Seite unterliegt meinen Verdrängungs-

mechanismen, sie tritt aber in Konfliktsituationen belastend ins Bewußtsein. Im großen und ganzen ist er mir ein Vorbild – sozusagen im Alltäglichen.

Was mich – je näher und tiefer ich zum Glauben an unseren herrlichen und liebenden Gott komme – besonders trifft, ist, daß ich nun eines Ideals des Christentums – der Jungfräulichkeit – entledigt bin. Das ist sicher der egoistischste Aspekt, jedoch – im wahrsten Sinne des Wortes – ein „haftender". Das bleibt. Eine Folge im zwischenmenschlichen Bereich ist sicher, daß ich den männlichen Erdenbürgern von vornherein mit einem – zumindest – klitzekleinen Körnchen Mißtrauen und einem gehörigen Brocken an Distanziertheit und Kühle begegne.

Jetzt habe ich Dir geschrieben. Ich bin froh, daß ich es geschafft habe. Leicht war es nicht. Du mußt mir nun aber auch Antwort geben.

Liebe Grüße *Gertrud*

Liebe Gertrud!

Heute endlich will ich Dir die schuldige Antwort auf Deinen Brief geben, mit dem Du mich beschenkt hast. Ich kann Dir gar nicht genug für Dein Vertrauen und Deine Freundschaft danken. Ich will eine Antwort versuchen.

Du hast einen Schock als Kind erlitten. Und Du kannst von Dir im Brief schreiben, daß Du doch gut damit zurechtkommst, weil Dein Vater im Alltäglichen vorbildlich ist. Es ist ein Glück, daß Du trotz der schmerzhaften Erfahrung die Beziehung mit Deinem Vater nie abgebrochen hast, daß Du die Kraft hattest, sie weiterzuführen. Aus derselben Kraft heraus kannst Du heute die dunklen Seiten dieser Beziehung und Deiner Beziehungsfähigkeit überhaupt sehen. Du spürst Deine Verdrängungen als Belastung in Konfliktsituationen – besonders Deinem Vater gegenüber. Du leitest aus dem Erlebnis Deine – Deinem Empfinden nach – mißtrauische und distanzierte, kühle Haltung gegenüber Männern ab. Das alles hast Du mir anvertraut. Raten kann ich Dir eigentlich nur, Deinen bisherigen Weg weiterzugehen und zu wissen, daß der wichtigste Faktor der Heilung die Zeit ist.

Mit der Zeit heilen Wunden. Die Gnade Gottes mag in Einzelfällen einen plötzlichen Umbruch herbeiführen und einen Menschen ganz verändern, im Normalfall aber wirkt die Gnade sanft, vorbereitend und auf die Veränderung hinführend. Sie wirkt in der Zeit. Natürlich nur, wenn wir uns ihr öffnen. Das hast Du getan. Deswegen freue ich mich so über Deinen Brief. Deine Öffnung wird darin deutlich, daß Du die Probleme Deines Lebens nicht verdrängst, und auch nicht die Folgen, die sich daraus ergeben. Du beobachtest Deine Lebenslinie genau und läßt auch ihre dunklen Seiten zu. Und Du weißt, daß Du von der Liebe Gottes und seiner Nähe getragen und gestärkt bist. Du bist festgemacht in Gott und spürst das mit der Zeit immer mehr. Übrigens ist dies die wörtliche Übersetzung des hebräischen Wortes „Amen".

Aus diesem Wissen heraus hast Du die Kraft – mit den Worten des hl. Ignatius –, ein wenig gegenzusteuern, dagegen zu handeln. Das ist der zweite Punkt meiner Antwort. Also wenn Du Dich als zu distanziert und mißtrauisch dem Mann gegenüber empfindest, dann weißt Du, daß es Dir guttut, ein wenig mehr an Gefühlen und Nähe zuzulassen. Daran kannst Du denken, wenn Dir von Einzelnen oder in einer Gruppe Liebe und Zärtlichkeit entgegengebracht wird. Wichtig ist, daß dieses „dagegen handeln" (agere contra) immer einen kleinen Punkt meint und nicht, mit Gewalt zu versuchen, ins Gegenteil zu kommen. Das würde nicht der Weise entsprechen, wie Gott gnadenhaft in unser Leben eingreift.

Noch ein dritter Punkt fällt mir zu Deiner Biographie ein. Du kannst aus den Wunden, die Dich prägen, auch ein wenig entdecken, wozu Dich Gott berufen hat. Es könnte sein, daß Deine große Selbständigkeit und auch Deine kritische Einstellung zum Mann etwas mit Deiner Berufung zu tun hat. Ich weiß nicht, wozu Du berufen bist, aber ich will einmal träumen. Es könnte sein, daß gerade Du viel tun kannst, um Frauen zu Selbstbewußtsein und Eigenständigkeit zu verhelfen, um die Würde der Frau in unserer Gesellschaft und auch ihre politisch-rechtliche Rolle bewußt zu machen und zu fördern. Es könnte sein, daß Du berufen bist, anderen Frauen und Männern, die nicht so stark und selbständig sind wie Du, zu helfen. Das kannst Du als Jugendführerin, in einem sozialen Beruf, in jedem sozialen Einsatz bei Behinderten oder Obdachlosen tun. Daß Du damit längst begonnen hast, mag Dir die Chance, die in Deiner Wunde liegt, zeigen.

Liebe Gertrud, aus all diesen Gründen freue ich mich, daß Du so versöhnt über eine Wunde schreiben kannst, die Dir zugefügt wurde. Ich glaube, daß Du mit Deiner versöhnten Art, wie Du auf sein Leben positiv antwortest und damit Dich und ihn annimmst, Deinen Vater und uns alle reich beschenkst. Trotz oder wegen der Prägung und der Probleme, die Dich deswegen begleiten. Nun muß ich Dir sagen, daß ich Dich immer als wunderbare und gefühlvolle Frau empfinde. Ich erlebe Dich in bestem Sinn als „normal" unter Gleichaltrigen und als besonders sensibel und stark gegenüber denen, die schwach sind. Du bist für uns alle eine große Hilfe und Bereicherung.

In doppeltem Sinn erlebe ich an Dir ein Wort Jesu. „Nicht die Gesunden brauchen den Arzt, sondern die Kranken. Ich bin gekommen, um die Sünder zu rufen, nicht die Gerechten" (Mk 2, 17). Er ist der Arzt. So hat sich Gott in der Heiligen Schrift öfters bezeichnet. Er ist der Heiland, er will heilen. Lies zum Beispiel im Lied des Mose, wo es heißt: „Denn ich bin der Herr, dein Arzt" (Ex 15, 26). Du hast sein Handeln im Heilungsprozeß an Dir selbst erlebt. Du bist ihm deshalb besonders nahe und kannst das Geschenk der Heilung weitergeben. Und Du hast Leiden und Heilung im tiefsten und zugleich schwierigsten Lebensbereich erfahren, in der Elternbeziehung. Nicht zufällig ist gerade an das Gebot, die Eltern zu ehren, die Verheißung geknüpft: „Du wirst lange leben, und es wird dir wohlergehen auf Erden."

Dein Pater Georg

Taufe

Schon die Kinder von Gott begeistern

Lieber Georg,

Du kennst mich als praktizierenden Christen schon von der Jugend her, wir haben einen langen, gemeinsamen Weg hinter uns. Ich denke oft an Dich, an viele kleine ‚Lehren', die Du mir manchmal im Vorübergehen, bei Spaziergängen und im Cafehaus gegeben hast. Deine Vorschläge waren immer sehr konkret, sehr bestimmt. Vielleicht war das der Grund, warum ich sie leicht aufnehmen konnte, ja wollte. Zugegebenermaßen war es manchmal auch nicht leicht, Deine – oft so klar formulierten – Vorschläge in meine bunte Lebensgeschichte einzubauen. Aus diesen Aspekten heraus schreibe ich Dir heute wieder. Es quält mich schon seit längerer Zeit eine Frage, die mir bisher kein Theologe und auch kein Laie glaubwürdig beantworten konnte.

Es ist mir mit der Zeit der Sinn der Kindertaufe immer unverständlicher geworden. Die Frage nach dem Sinn der Tradition, die so unanfechtbar scheint, hat in mir großen Wert bekommen. Wie hängt „christliche Erziehung" mit einem ganz persönlich zu sagenden „Ja" zusammen? Ich meine damit: Muß ich ein Kind taufen, um ihm Gott näherzubringen?

Taufe heißt – so habe ich es bisher verstanden – Eintritt in die Gemeinschaft der Katholiken. Sagen wir großzügig: mit dabeisein im Volke Gottes. Wie kann ich, wenn ich einmal Vater bin, diese wichtige Entscheidung für einen anderen Menschen treffen? Natürlich weiß ich, daß es unter Menschen nie eine ganz objektive Entscheidung gibt. Jede Entscheidung ist geprägt von der persönlichen Lebenserziehung, die ein Mensch erfahren hat. Das heißt, wenn ich – wie ich es vorhabe – mein Kind christlich erziehe, muß auch die Entscheidung, die das Kind als Jugendlicher dann trifft, relativ gesehen werden. Dessen bin ich mir bewußt. Doch möchte ich diese letzte Entscheidung dennoch meinem Kind überlassen, vor allem, daß es sich vielleicht auch vernünftig überlegt, welche Art der Glaubensgemeinschaft es mehr anspricht: katholisch, evangelisch usw. Kennst Du einige Katholiken, die zu Protestanten geworden sind? Warum gibt es das nicht? Es wird so viel über Ökumene geredet, wer setzt sich ehrlich damit auseinander?

Wir sind eben gebürtige Katholiken, man merkt es uns eigentlich an. Viele sagen mir, diese letzte Entscheidung kann der Jugendliche ja dann immer noch fällen, indem er aus der Kirche austritt. Das sind halt zwei Definitionen von „freier Entscheidung". Entweder ich füge das Kind in eine Gemeinschaft ein mit dem Zusatzgedanken, „austreten kann es ja noch immer" – oder ich versuche, es in der Kindheit schon von Gott zu begeistern und ihm die Bibel nahezubringen, daß es für eine freie Entscheidung mündig ist. Ich halte diesen zweiten Weg für den sinnvolleren und besseren Weg. Er spornt die Verantwortung einer wirklich christlichen Erziehung erst richtig an, er zeigt, wie notwendig ein gutes Vorbild und ein gutes Beispiel seitens der Eltern ist.

Durch einige miterlebte Erwachsenentaufen habe ich eigentlich bisher immer nur Bestätigung bekommen für das, was ich so denke. Dieses aus dem Herzen eines Men-

schen kommende „Ja" steckt an, belebt oft eine ganze Gemeinde. Bei einer Kindertaufe kann ich das nicht behaupten. Da wird oft sehr sentimental mit Texten und Liedern eine Feier gestaltet, der die zentrale Person – der Säugling – weder zustimmend noch ablehnend gegenübersteht: Er läßt alles über sich ergehen.

Warum stelle ich mir diese Frage? Ich selbst werde wohl in ein paar Jahren auch Kinder haben, werde in die Rolle des Lebenslehrers automatisch und selbstverständlich hineingezogen. Gerade weil diese Fragen in mir bohren, möchte ich nicht einfach nachgeben und mich von Verwandten und Freunden dann schnell zu der traditionellen Kindertaufe überreden lassen.

Lieber Georg, Deine Antwort ist mir wichtig. Was sagt Deine „innere Bibel"? Sieh diese konkreten und etwas aufmüpfigen Fragen nicht als „Zwangskritik" an der Kirche, in der ich gerne und überzeugt lebe. Sieh sie als Beitrag und Vertiefung unseres Glaubens. Gottes Segen wünsche ich Dir für Deine vielen Pläne, Träume und für den Weg, der Dir bestimmt ist.

Dein Michael

Lieber Michael!

Danke für Deinen Brief! Du hast mich aufgebaut durch die guten Erinnerungen an die gemeinsame Zeit in der Jugendarbeit und auch durch Deine ernsthafte Frage nach dem Sinn der Kindertaufe, zumal Du nicht einfach theoretisch kritisierst, sondern im Blick auf Deinen eigenen Weg die Frage stellst.

Ich teile mit Dir gute Erfahrungen mit der Taufe von Erwachsenen. Es hat mich immer beeindruckt, wenn eine Frau oder ein Mann ein so ernsthaftes „Ja" zur Kirche und zum Glauben gesprochen haben. Dieses „Ja" zieht Kreise, es fordert und verändert Familien und Gemeinden. Was Du da erlebt hast, macht auf jeden Fall den Sinn der Taufe und die Bedeutung der wirklichen Entscheidung sichtbar. Auch das zweite Anliegen teile ich mit Dir ganz: daß Du als Christ gerade im Zusammenhang mit dem Empfang von Sakramenten frei und persönlich entscheiden können mußt. Trotzdem bin ich in der Frage der Kindertaufe nicht Deiner Meinung, daß also in jedem Fall der Aufschub der Entscheidung für oder gegen die Taufe bis zum Erwachsenenalter der bessere Weg wäre.

Ich will meine Antwort aus unserer Freundschaft heraus und persönlich formulieren. Wenn ich mich in die Rolle des Vaters hineindenke, wäre für mich das erste, meinem Kind all das zu geben, was mir selbst das Wichtigste ist. Für mich ist es der Glaube an Gott, wie ich ihn in vielen Entscheidungen und durch die Erziehung, die mir geschenkt wurde, gelernt habe und immer noch lerne. Den Glauben weitergeben heißt viel mehr als mein Kind individuell christlich zu erziehen. Niemand von uns ist ein freischwebendes und unabhängiges Individuum, schon gar nicht im Glauben. Das heißt: Bei der Weitergabe des Glaubens braucht es immer auch die Gemeinschaft. Sie ist da in der Beziehung zwischen den Eltern und dem Kind, dazu gehören die Geschwister, die Familie, die Freunde, die Gemeinde. Diese vielfältige Gemeinschaft, in die jedes Kind hineingeboren wird, ist der Lebensraum, der in der Sprache und in den Formen des Umgangs miteinander und im Brauchtum konkret wird. Dazu gehört auch die Taufe.

Wenn ich einem Kind den Glauben weitergeben

möchte, kann ich das nur tun, indem ich es in diesen Raum der Gemeinschaft einführe. Dazu möchte ich Dir nun drei Punkte sagen:

Das erste ist: Die Kirche hat sich für die Kindertaufe entschieden im Wissen, daß der Mensch ein Gemeinschaftswesen ist. Deshalb werden im neuen Taufritus die Eltern und die Paten angesprochen. Ihre verantwortungsvolle und freie Entscheidung ist es, das Kind in die Glaubensgemeinschaft der Kirche einzuführen. Sie schenken gleichsam dem Kind den Eintritt durch das Zeichen der Taufe. Deshalb findet im Gegensatz zu früher die Taufe normalerweise in der Pfarrgemeinde statt. Bei mir war es noch so, daß ich im Krankenhaus mit vielen anderen Kindern gemeinsam getauft wurde, während meine Mutter noch im Wochenbett lag. Heute ist deutlich sichtbar, daß die Taufe genauso wie die Firmung ein Sakrament der ganzen Gemeinde ist. Deshalb wurde die Gestaltung und schon die Vorbereitung auf die Taufe stark verändert und ausgefaltet. Im Taufgespräch, in der Gottesdienstgestaltung und im Glaubensseminar soll sich die Gemeinschaft auf die Taufe vorbereiten und im Fest die Freude über die Neuaufnahme und die Bereitschaft zum gemeinsamen Weg in die Zukunft zum Ausdruck bringen.

Das zweite ist die katholische Kirche, wie sie jeder von uns an seinem Wohnort vorfindet. Sicherlich kann man manchmal daran zweifeln, ob die konkrete Gemeinde der geeignete und beste Ort ist für eine solche Vorentscheidung am Beginn des Lebens und für die künftige Erziehung. Andererseits gibt es Freiheit nur, wenn man einen Ausgangspunkt hat. Sonst schwimmt man und ist hilflos. Wenn Dein Kind ungetauft heranwächst, gibst Du ihm heute damit eine deutlich geprägte Rolle und

Sonderstellung unter den Kameraden, in der Schule und bei jeder Gruppenbildung. Das ist auch eine Entscheidung der Eltern, die die Rolle des Kindes sozialpsychologisch so definieren. Die Schwierigkeiten siehst Du darin, daß viele Eltern, die ähnlich denken wie Du, dann doch umfallen, wenn es um die Frage des Religionsunterrichtes oder der Erstkommunion geht oder darum, in welche Jugendgruppen sie ihr Kind schicken sollen. Kurz, um Entscheidungen, in welche Gemeinschaften das Kind hineinwachsen soll, kommst Du nie herum. Da meine ich nun ganz nüchtern, daß auch heute die Pfarrgemeinde eben jene Menschen zusammenschließt, die auf Grund ihrer eigenen katholischen Erziehung und Entscheidung für diesen Glauben denselben Weg auch für ihre Kinder wählen. Deshalb sind sie eingeladen dazu, die Pfarrgemeinde mitzubestimmen und sich für den Glauben vom Kindergarten an über die Erziehung bis hin zu den Festen innerhalb dieser Religion einzusetzen.

Das dritte ist die Ehrlichkeit. Du mußt zu Dir selbst stehen. Wenn Du aus einem atheistischen oder dem Christentum gegenüber indifferenten Milieu kommst, wirst Du dem Kind nur dieses Milieu anbieten können. Damit gibst Du von der Elternseite her Deinem Kind das mit, was Du bist und was Dir wertvoll ist. Das kann eben auch Indifferenz, Kirchenferne oder Kirchenfeindschaft sein. Wenn Du Dich selbst ehrlich und im Wissen um die Freiheit des Kindes und seiner Möglichkeit, sich anders zu entscheiden, weitergibst, tust Du das Beste für das Kind. Künstlich aber ist es, wenn Du Dein Kind auf einen Weg drängen willst, der nicht Dein Weg ist. Damit würdest Du das Kind in einen Konflikt oder ins Nichts stoßen und ihm keine positive Alternative ermöglichen. Eine solche Absicht halte ich für zu selbstsicher. Da vertraust du zuwenig darauf, daß Gott dem Heranwachsenden auf seinen Weg führen wird. Jetzt kannst du Dir ausrechnen, wie Du in der Frage der Taufe Dir und Deinem Kind gerechtwerden kannst.

Trotzdem sind die grundsätzlichen Fragen, die Du stellst, wichtig. Warum ist es der Kirche noch nicht gelungen, die Firmung als Entscheidungssakrament deutlich zu machen? Warum können wir nicht besser zeigen, was es heißt, sich für eine Glaubensgemeinschaft zu entscheiden? Es bleibt noch die Frage, ob die Kindertaufe grundsätzlich immer der richtige Weg sein muß. Daß Dein Problem keineswegs nebensächlich ist, siehst Du daran, daß nach dem Zweiten Weltkrieg in der evangelischen Kirche ein heftiger Streit um die Frage der Kinder- oder Erwachsenentaufe geführt wurde. Die Praxis der Kirche ließe sich theoretisch wohl auch so vorstellen, wie sie in Paulusbriefen aufscheint: daß durch die Taufe eines Elternteils die ganze Familie geheiligt wird. Eine christliche Erziehung wäre dann selbstverständlich und milieugerecht, wenn erst von Beginn des Erwachsenenalters an dem jungen Menschen die Frage gestellt wird, ob er sich nun durch die Taufe endgültig der kirchlichen Gemeinschaft anschließen will. Allerdings ist der Sinn der Taufe – und das wollen wir nicht vergessen – die Vermittlung der Gnade. Die Gabe Gottes kann ich nicht machen, sie wird aber endgültig und äußerlich sichtbar im Zeichen und in allem, was dem Kind von Geburt an vermittelt wird. Für diesen Standpunkt ließe sich viel Positives sagen, gerade unter psychologischer Rücksicht.

Wenn ich zu Deiner Frage eine Weisung in der „inneren Bibel“ suche, dann fällt mir die Entscheidung leicht: Jesus selbst wurde wie alle Buben in Israel am achten Tag beschnitten, die Mädchen empfangen an diesem Tag die jüdische Taufe. Jesus hat die Kinder gesegnet und war überzeugt, daß sie schon von Geburt an von Gott zu diesem besonderen Weg auserwählt sind. Er hat sich sicher nie die Frage gestellt, ob eine größere Liberalität der richtige Anfang in der Erziehung wäre. Dir würde Jesus wohl den Ratschlag geben: Bau auf die christliche Gemeinschaft, für die Du Dich gemeinsam mit Deiner zukünftigen Frau entschieden hast.

Noch einmal zurück zu Deinem Brief: Du ringst mit der Frage, wie Du Dich entscheiden sollst. Dein ehrliches Ringen ist das Wichtigste. Ich meine Du sollst Deine Entscheidung im Gebet treffen, weil ich Dich kenne und weiß, daß Dein Beten die ganzen Probleme der Welt und der Kirche mit einschließt. So habe ich eigentlich nur Grund, mich über Dich zu freuen, wie immer auch Deine Entscheidung ausfallen wird. Du weißt, daß es mich sehr interessiert, wie Du Dich entscheidest.

So wünsche ich Dir Gottes Segen für Deinen Weg.

Dein Georg

Begabung

Ich bin so anders als die andern

Lieber Pater Georg,

wenn ich auf die letzten paar Monate zurückblicke, so waren diese sehr erfüllt und schön. Wenn Du jemanden über mich befragst, so wird er/sie höchstwahrscheinlich feststellen, ich sei auf die Butterseite gefallen und hätte keine Probleme. Tatsächlich mag dies auf den ersten Blick so wirken. Mir ist allerdings ein Umstand bewußt geworden, der mir Sorgen macht und der mich bedrückt. In vielen Belangen will und kann ich nicht so sein wie die anderen. Ich habe andere Ansichten, ich habe andere Wünsche und Sehnsüchte als die meisten. Ich verspüre keinen Drang danach, mich einem Trend oder der Masse anzuschließen, wenn ich es nicht gut finde. Was für viele ganz selbstverständliche Werte sind – z. B. Bälle, Discos, Kino, Fernsehen –, mache ich zwar auch des öfteren mit, doch soll man dabei anscheinend etwas anderes empfinden, als ich das tue. Ob ich will oder nicht, so vieles betrachte ich aus einer bestimmten Distanz heraus und finde es banal und langweilig und kann mich für diese herkömmlichen Annehmlichkeiten oder Formen der Unterhaltung in keiner Weise begeistern. Woher kommt diese Einstellung, diese Langeweile und Distanz? Das Beten hat meinen Blick ein bißchen auf größere Ziele hin geöffnet. Vielleicht sogar auf das eine große Ziel hin, die Ewigkeit. Unter dieser Rücksicht wird vieles so unge-

heuer klein, so daß ich ohne Schwierigkeiten auf manches verzichten könnte, oder Dinge, die mir Freude machen, gehen mir nicht so sehr ans Herz, daß ich mich darin verlieren möchte. Das wäre ja eigentlich nicht so schlimm. Wenn es nicht dauernd zu Konflikten mit meiner Umwelt käme! Ein Freund von mir spürt zum Beispiel genau, wenn ich aus reiner Höflichkeit seinen Computer toll finde, ihn in Wirklichkeit aber doch bloß für eine Zeitverschwendung halte. Schwierig ist auch, wenn ich einem Menschen klarmachen muß, daß ich ihn liebe, aber nicht an ihm hänge, oder wenn ich in einer Gruppe nicht rauche, selbst wenn es alle anderen tun, einfach deshalb, weil ich nicht möchte. Oder wenn ich mich manchmal von allen Leuten zurückziehe, weil ich, für kurze Zeit wenigstens, alleine sein möchte. Viele Situationen dieser Art kannst Du Dir vorstellen, in denen ich irgend jemanden ungewollt durch meine Andersartigkeit vor den Kopf stoße. Dabei weiß ich nicht genau, ob diese Andersartigkeit nun wirklich mein Wesen ist, das mir Gott gibt, oder ob es mein komisches Image ist, das ich dadurch selber aufbaue und härte. Wahrscheinlich liegt darin mein Kernproblem, daß ich nie genau weiß, ob ich in einer bestimmten Situation das mache, was Gott von mir will, oder nur das, was mir zusagt. Daraus ergibt sich die gleiche Frage auch für das Leben: Zu welchem Weg bin ich berufen? Lasse ich mich in meinen Entscheidungen wirklich von Gott lenken, oder ergeben sie sich nur aus der allgemeinen Distanz, aus der ich alles betrachte? Du kannst die Frage für meinen konkreten Fall sicher auch nicht beantworten, aber Du kennst sicher Methoden, die mir diese Gewissenserforschung erleichtern. Vielen Dank für Deine Mühe.

Dein Peter

Lieber Peter!

Du bist also anders als die anderen Menschen. Das ist gut so. Gut ist es auch deshalb, weil Du Deiner eigener Andersartigkeit selbstkritisch begegnest. Und weil Du den Problemen, die sich damit einstellen, nicht aus dem Weg gehst. Wenn Du gegen den Strom schwimmst, mußt Du genau wissen, ob das Gott von Dir will, oder ob sich darin eine Selbstgefälligkeit versteckt. Deine selbstkritische Betrachtungsweise ist für mich ein erster Hinweis auf die Ernsthaftigkeit Deiner Lebensweise. Vielleicht ist es noch keine Lebensweise, sondern vielmehr die Suche danach, eine Sehnsucht. Diese Sehnsucht ist unschätzbar, sie ist die Triebfeder für den Fortschritt in Deinem Menschsein. Deine Frage oder Dein Leiden an den Konflikten mit Deiner Umwelt läßt mich an dieser Stelle den Weg suchen. Hier möchte ich im Gespräch mit Dir einsteigen.

Am liebsten würde ich Dir zu Deinen Konflikten gratulieren. In ihnen spürst Du am eigenen Leib ein Zeitproblem. So viele schwimmen mit dem Strom und tauchen in der Masse unter. Wirtschaftsinteressen, Moden, auch geistige Verführer in religiösen oder politischen Gestalten, wissen diese Gefährdung der Menschen zu nützen. Unsere moderne Welt mit ihren Möglichkeiten der Kommunikation und der Massenmedien macht sie besonders mächtig und gefährlich. Diese Versuchungen können nun den Menschen angepaßt und mittelmäßig machen und ihm sein Rückgrat nehmen. Sie können aber auch das Gegenteil bewirken: den Menschen durch Informationen sicherer und wirksamer machen. Sie können die Persönlichkeit des Menschen herausfordern und profilieren. Aber nur, wenn jeder um die Würde und die

Einzigartigkeit seiner Person weiß. Nur wenn Du von innen her Deine Berufung entdecken kannst, wenn Du Deine besonderen Begabungen zu sehen vermagst und offen Deiner Umgebung und den Dir gestellten Aufgaben gegenübertrittst, werden Technik und Kommunikation zum Segen. Du stellst selbst die Frage nach Deinem Wesen, das Dir Gott gibt. Sie muß Deine Leitfrage in allen Konflikten und Problemen bleiben. So wie Du es auch getan hast, kann man die Frage abgrenzen gegenüber der Versuchung, sich ein Image aufzubauen, das auf seine Weise doch wieder gefällig oder zumindest auffällig ist. Das wäre eine unechte Lösung, weil sie Dich mit umgekehrten Vorzeichen doch wieder von den anderen und von der Masse abhängig machen würde. Außerdem würdest Du Dir dadurch zusätzliche Schwierigkeiten durch die Konflikte einhandeln, ohne für Dich etwas zu gewinnen. Stelle die Frage aber auch positiv, vielleicht sogar in einem höheren Maße, als Du es bisher getan hast, indem Du die Frage aufschlüsselst:

Frage Dich in der Gewissenserforschung – am besten jeden Tag: Was ist mir heute gelungen und auch mißlungen? Was wurde mir heute geschenkt, was haben andere Menschen für mich getan? Wo habe ich Glück gehabt? Was war leicht und auch was war mühsam und schwer? Wie haben andere auf mich reagiert? Wo habe ich jemanden glücklich gemacht oder unglücklich? Solche Fragen, die sich auf einen überschaubaren Zeitraum wie einen Tag oder eine Woche beziehen, helfen, ganz natürlich das eigene Wesen oder seine Persönlichkeit zu entdekken. Du siehst, wo Deine besonderen Begabungen liegen, die Du nützen darfst. Vergiß an dieser Stelle nicht, daß das Wort Begabung von ‚geben' kommt, daß es zunächst nicht Dein Verdienst, sondern eine Gabe ist, hinter der ein Geber steht. Dann wirst Du freier und aufbauend mit Deinem Charisma, wie es der Heilige Paulus genannt hat, umgehen können. Dies hat zur Folge, daß Du Dein Licht nicht unter den Scheffel stellst, sondern zum Leuchten bringst, ohne dabei stolz zu werden. Du wirst vielmehr dankbar und demütiger werden, je mehr Du Deine Begabungen herausstellst. Die Dankbarkeit wird Dich vor der Selbstgefälligkeit schützen und Dich dienstfertig machen. Wie entscheidend diese Haltung ist, siehst Du daran, daß Begabung auch andere abstoßen kann, weil sie sich Dir gegenüber klein und hilflos vorkommen. Sie werden aus gesundem Selbstschutz um Dich einen Bogen machen, der Dich in die Einsamkeit versetzt und Deinen Egoismus wuchern läßt. Vor dieser Gefahr bewahrt Dich die Dankbarkeit, die letztlich nichts anderes ist als die Transparenz hin auf den Schöpfer, auf den Geber alles Guten. Wenn Du beim natürlichen Umgang mit Deinen Begabungen auf Ihn hin immer durchscheinender wirst, wirst Du immer unbefangener mit Dir selbst umgehen können. Dann kannst Du Dich über Dich selbst und über Deine Leistungen freuen. Dann lernst Du Dich selbst zu lieben. Damit unlösbar verknüpft ist die Fähigkeit, auf andere zuzugehen und sie zu lieben. Wie Du es erkennen kannst, werden wir auch nur daraus zur Liebe Gott gegenüber fähig.

Nun habe ich Dir den ersten und wohl wichtigsten Weg angedeutet, auf dem Du erkennen kannst, was Gott von Dir will. Begabt hat er Dich und damit auch einen Sinn gegeben, den es zu finden gilt. In der Frage nach der Berufung gibt es eine Hilfe, die von außen kommt, und Dich in Deiner Suche weiterführt. Du kannst jeden Tag oder zumindest in Entscheidungssituationen auf die Not schauen, die Dir von außen entgegentritt. Diese Frage kannst Du auch mit der täglichen Gewissenserforschung verbinden: Wer hat mich heute gebraucht? Welche Not habe ich gesehen oder gehört, in der persönlichen Begegnung genauso wie im Fernsehen? Welche Not ist unbeantwortet geblieben, weil die Mittel nicht reichen oder schuldhaft sind? Daraus folgt die Frage, wo Du am dringendsten gebraucht wirst. Bis zum Jüngsten Tag werden wir nicht ans Ende der Not kommen, sondern müssen uns immer die Frage nach der Priorität und nach der persönlichen Berufung stellen. Wir müssen uns aber auch nicht von der Not erdrücken lassen, denn Gott selbst bestimmt das Ergebnis unserer Unternehmungen. Es hängt alles von ihm ab. Nur müssen wir uns doch so einsetzen, als ob alles von uns abhinge, wie es der heilige Ingatius von Loyola formuliert hat. Es kommt auf unsere Entscheidung an, auf die Antwort in der Berufs- und Berufungsfrage und auf unser Bemühen. Gott wird das Ergebnis schenken in einer Weise und in einem Maße, das von seiner Liebe abhängt, die unsere Vorstellungskräfte übersteigt. Bei diesem Weg, der von der Not und von außen in Dein Inneres führt, wäre oft oder ist heute oft mehr Ehrlichkeit und Mut gefordert. Das denke ich mir manchmal, wenn so viele junge Leute Medizin studieren wollen, um den Menschen zu helfen, obwohl der Arbeitsmarkt schon so übersättigt ist. Ist es wirklich die Sehnsucht zu helfen, die diese Leute bewegt, oder mischt sich da nicht auch der Wunsch ein, zu den „Göttern in Weiß" und zu den Reichen zu gehören? Natürlich muß jeder selber für sich diese Frage beantworten, aber diese Kritik könnte doch auch andere Berufsfelder in den Blick drängen. Ich will ganz egoistisch mit einem Beispiel von mir ausgehen.

Du kennst ein bißchen mein Leben und das Programm, das mir mein Beruf als Priester stellt. Mir ist nie langweilig. Jeder Tag ist wirklich ein großes Abenteuer, weil mich – Gott sei Dank – so viele Menschen brauchen. Ihre Phantasie kennt keine Grenzen, sie wollen über alles reden, sie wollen von mir Arbeit, Geld, Ratschläge, Trost, Gemeinschaft, Gebet. Natürlich fühle ich mich immer überfordert, aber dabei kann ich nicht übersehen und die Freude darüber nicht verhehlen, daß mir soviel Vertrauen entgegengebracht wird. Dies wiederum hängt nicht mit meiner Person, sondern vielmehr mit meinem Beruf zusammen. Der Priesterberuf weckt Erwartungen und hat eine gewisse Sogwirkung, die Menschen anzieht und sie in ihren Wünschen befreit. Für mich bringt das Begegnungen und Herausforderungen, die mich verändern und groß machen. Mit Überraschung darf ich meine Wirkungen gelegentlich sehen.

Eine solche Berufung, die Dich groß macht, wünsche ich Dir. Ja, ich glaube fest, daß Du sie hast. Eine Berufsentscheidung muß man immer in gewisser Weise ins Dunkel hinein riskieren; ob sie richtig ist, darf man an dem geschilderten Wachstum erkennen, das man dann erfährt. Ob man sich mehr und mehr als liebesfähiger und so auch leistungsfähiger Mensch dabei entdeckt oder ob man sich auf dem Weg in die Angst, die Langeweile und innere Unzufriedenheit begibt. Wenn Du Deinen Lebensweg oder zumindest Lebensabschnitte so prüfst und mit Deinen Entscheidungen und Aufgaben in Zusammenhang bringst, wirst Du urteilsfähig werden. Solch eine lebensgeschichtliche Betrachtungsweise, wie ich sie nennen möchte, rate ich jedem, der den Menschen helfen und selber glücklich werden möchte. Du kannst die wenigen Jahre Deines Lebens zurückverfolgen und sehen: Gott geht mit jedem von uns einen Weg.

Du kannst ihn entdecken in Deinen Eltern, in der politischen Geschichte unseres Landes und in der Geschichte bis hin zum Anbeginn, wie es in der Bibel beschrieben ist. Je geduldiger und weiter Du Deinen eigenen Wurzeln nachgehst, um so entscheidungsfähiger wirst Du sein. Diese Wurzeln sind es, die Deine Eigenart und Deine Andersartigkeit bestimmen und Dir dabei Sicherheit geben, ob Du nun Dich von den anderen unterscheiden mußt oder nicht. Es ist eine geheimnisvolle Sicherheit und Freiheit, die man aus dieser Geschichte mit Gott gewinnt.

Am Schluß dieses Briefes möchte ich Dir den Ausblick auf zwei weitere Folgen dieser Betrachtungsweise Deines Lebens geben: dein Beten wird lebendiger werden, weil Dich wirklich große Ziele anziehen und Dein Leben zum Abenteuer machen. Mystiker geben uns die Erfahrung, daß es dabei zu jener Lebensweise kommt, in der das Leben selbst zum Gebet wird. Plötzlich lassen sich Einsatz und Meditation nicht mehr voneinander trennen. Das ist eine Mystik, die jedem Menschen zugänglich ist, eine ganz alltägliche Mystik, in der Kampf und Kontemplation, Aktion und Meditation untrennbar ineinander verwoben sind. Und schließlich die zweite Folge, die sich aus dem ehrlichen Annehmen Deines bisherigen Lebens ergibt: deine Andersartigkeit wird Dich, so radikal ernst genommen, beziehungsfähig und tolerant machen. Du wirst in Deiner Berufung Deinen Dienst an den Menschen erkennen und immer weniger den Wunsch damit verbinden, andere Dir gleich zu machen. Du wirst Dich freuen können über ihr Anderssein und sie ergänzen können genauso, wie Du von ihnen empfangen wirst. Du wirst schließlich mit Ehrfurcht allem Fremden begegnen, weil Du weißt, daß Gott darin eine Aufgabe und ein Geschenk für Dich verborgen hat. Die ganze Heilige Schrift zeigt uns, wie sehr es Gott beliebt, sich uns im Fremden zu zeigen und uns zu überraschen. In Deiner Andersartigkeit, die Dir heute soviele Konflikte beschert, liegt ganz sicher Deine Möglichkeit, zu lieben.

Priester zu sein heißt bei uns heute – schon ganz äußerlich gesehen – anders als die Masse zu sein. Daran magst Du erkennen, wie tief ich mit Dir verbunden bin.

Dein Pater Georg

Autorität

„Ihr sollt euch nicht Vater nennen lassen!"

Lieber Georg,

ich möchte Dir gerne schreiben, was mich momentan sehr beschäftigt. In der vergangenen Gruppenstunde hat uns Reinhard gebeten, eine Frage zu formulieren, die dann ein anderer aus der Gruppe, der diese Frage gezogen hat, beantwortet. Es ging um eine Frage im Zusammenhang mit der Bibel, der Kirche, meinem Glauben. Die Frage, die ich aufgeschrieben habe, lautete: Warum nennen sich gewisse Ordenspriester „Pater", obwohl Jesus gesagt hat: „Ihr sollt euch nicht Vater nennen lassen"? Du weißt, warum mich diese Frage so beschäftigt und für mich ein Problem darstellt, das ich selbst nicht lösen kann, denn ich überlege mir, welchen Weg Jesus für mich bestimmt hat. Ich möchte auch „Pater" werden.

Meine Frage wurde mir dann von Thomas, der sich sehr über diese Frage gewundert hat, beantwortet. Wahrscheinlich hätte er von mir eine Frage erwartet, die mehr von ihm gefordert hätte, und er hat sich wohl gedacht: „Der hat Probleme!" Die Antwort, die er mir gegeben hat, hat mir aber geholfen; und das war das Entscheidende für mich. Er hat mir gezeigt, woran ich mich an den Vätern stoße. Aber das Gute war, er hat mir neben dem einen kritischen Punkt viele positive Punkte aufgezählt, die ich ganz vergessen habe zu beachten. Thomas hat mir einfach gesagt, was für ihn Vater bedeutet: Autorität; Sicherheit, Geborgenheit,

Zuflucht; ein Vater nährt seine Kinder geistig und materiell; Richter, er entscheidet über Gut und Böse; Vorbild; Schöpfer, er läßt die Dinge zu, er fördert die Dinge. Nach dieser Antwort bleibt meine Frage immer noch, aber Thomas hat mir geholfen, indem er mir gezeigt hat, daß es neben der einen Frage, die bleibt, viele Antworten gibt; und damit ist mein Problem doch gelöst.

Als er mir die Frage vor allen anderen beantwortet hat, bin ich mir vorgekommen, wie ein „Schulbub", gleichzeitig ist mir eingeleuchtet, daß dieses Problem nicht nur mich alleine betrifft, sondern vor allem auch Dich und alle anderen Patres, mit denen ich zu tun habe. Ich habe mein Problem, ohne daß ich es wollte, auf Dich übertragen und glaube, daß ich mich Dir gegenüber oft falsch verhalten habe. Ich habe bei Dir sicher zu wenig Sicherheit, Geborgenheit und Zuflucht gesucht, ich habe vor allem die geistige und auch materielle Nahrung zu wenig angenommen, mit der Du mich beschenkt hast. Ich habe Dich zu selten um Hilfe gebeten, wenn ich eine Entscheidung zu treffen hatte. Ich habe erst jetzt eingesehen, daß das erste Wort, das ich über Dich und von Dir gehört habe, mich angezogen hat. Ich sehe heute auch, daß alles, was bei mir gewachsen ist, seit wir uns kennen, von Dir gefördert wurde, und daß Du es zugelassen hast, daß ich so bin.

All diese Erkenntnisse machen mich zuversichtlich, wenn ich an meine Zukunft und an unsere Beziehung denke. Ich glaube, daß mein Umgang mit Autoritäten leichter wird, aber es bleibt eine Frage, die ich Dir trotzdem stellen möchte: Wie ist das für Dich, wenn ich Dich zwar wie einen Freund beim Namen nenne, in Dir aber und durch Dich den Vater sehe?

Dein Markus

Lieber Markus!

„Ihr sollt euch nicht Vater nennen lassen!“ Dieser biblische Satz in Deinem Brief hat mich betroffen und berührt, weil Du zugleich schreibst, daß Du in mir einen Vater siehst. Das Problem, das Du hast, hat mit einer modernen Schwierigkeit zu tun; deshalb spricht man von der „vaterlosen Gesellschaft“. Positiv daran ist, daß die Jugend kritisch mit Autoritäten umgeht und Traditionen nicht einfach übernimmt, sondern prüft. Gefährlich aber sind Übertreibungen; ohne Autoritäten, ohne Tradition brechen unsere Gemeinschaften und unsere Gesellschaft zusammen. Es fehlen dann Werte und eine Orientierung. Es ist heute nicht leicht, eine Rolle als Vater oder Autorität anzunehmen. Das spüre ich persönlich schwer. Ich kann meine Rolle als „Pater“ tragen, indem ich versuche, sie mit der Freundschaft zu vermitteln. Vater und Freund sind für mich keine Gegensätze.

Das radikale Wort Jesu, nach dem er der einzige Lehrer ist, wollte die Geschwisterlichkeit und Freundschaft unter den Menschen herausstreichen, weil Jesus daraus folgert: „Ihr alle aber seid Brüder“. Und doch hat Jesus seine Jünger berufen, um aus ihnen Lehrer für die anderen zu machen. Sie sollten als Apostel, Gesandte, den Völkern alles weitergeben, was sie von ihm gelernt haben. So hat sich auch Paulus als Vater derer gesehen, die durch ihn zum Glauben gekommen sind. Wie ein Gegensatz klingt das Jesuswort: „Auch sollt ihr niemand auf Erden euren Vater nennen; denn nur einer ist euer Vater, der im Himmel. Auch sollt ihr euch nicht Lehrer nennen lassen; denn nur einer ist euer Lehrer, Christus“ (Mt 23,9f). Jesus will damit sagen, daß der Glaube an Gott, den Vater im Himmel, wichtiger ist als die Beziehung zu einem irdischen Lehrer oder Vater. Letztlich können irdische Autoritäten den Menschen nur gerecht werden, wenn sie den eigentlichen Vater zur Sprache bringen, wenn sie für die ihnen Anvertrauten gleichsam durchsichtig werden hin auf den Schöpfer. Soviel zum Theoretischen.

Als Antwort auf Deine Frage, wie das für mich ist, Vater zu sein, kann ich Dir auch nur schreiben, was Thomas Dir schon gesagt hat. Als Priester, Sozialarbeiter und Jugendseelsorger darf ich tatsächlich das für andere sein: Autorität, Sicherheit, Geborgenheit, Zuflucht, geistiger und materieller Ernährer, Richter (nur im Sinne von Ausrichten!), Vorbild und Schöpfer, der Dinge zuläßt und fördert. Diese Rolle erlebe ich als Herausforderung, manchmal überfordert sie mich, aber sie bleibt ein Geschenk, das mich aufbaut. Es ist ein Geschenk, „Pater" für andere zu sein. Bis heute habe ich, wie Du weißt, die Herausforderung und das Geschenk ausgehalten.

In einer vaterlosen Gesellschaft Vater zu sein ist also nicht leicht. Man nimmt Belastungen auf sich, wenn man als Vater die Freundschaft nicht verraten will. Gerade weil Freundschaft und Vaterschaft für mich zusammengehören, gerät man in eine Spannung. Paulus ist mein Vorbild, wenn er sich als Vater seiner Gemeinden bezeichnet. Allerdings konnte er ihnen selbstbewußt sagen: „Nehmt mich zum Vorbild!" Auch wenn ich das von mir nicht immer sagen kann, stehe ich zu meiner Rolle, zu meiner Berufung. Der mich berufen hat, schaut auf die Mühe und den guten Willen, eigentlich ist nur er selbst der Vater und die Mutter.

Lieber Markus, ich möchte Dich durch meine Antwort auf Deinem Weg bestärken, da Du Dich nun entscheiden möchtest, selbst „Pater" zu werden. Auf diesem

Weg wirst Du durch Deinen Beruf große Erwartungen bei Menschen auslösen, einfach durch den Mut, das Evangelium von Jesus zu verkünden. Es verlangt Mut, Vater in einer vaterlosen Gesellschaft zu sein, sich Pater nennen zu lassen und doch zu wissen, „Du sollst dich nicht Vater nennen lassen". Unsere Aufgabe ist es, den einen Vater durch unser Leben zu bezeugen. Ich will Dir Mut machen, das zu tun. Ich selber habe dabei das größte Glück erfahren – durch Dich und alle Freunde, die meinen Dienst als Vater oder – modern ausgedrückt – als Supervisor, als Psychologe und Berater annehmen. Sie alle gewähren mir eine erfüllende und leidvolle Rolle, die aber nötig ist, damit der Reichtum der Vergangenheit weitergegeben wird – hinein in die Zukunft.

Nach all den Überlegungen freue ich mich, daß Du mich als Vater sehen kannst, weil das für Dich Freundschaft bedeutet. Anders würde ich die Beziehung heute nicht aushalten. Öfters schon haben junge Menschen, bei denen ich eine starke Vaterrolle hatte, die Beziehung mit mir auch nicht abgebrochen, als sie sich verändert hatten und erwachsen geworden waren. Vater-Kind-Beziehungen haben sich ganz in Freundschaften verwandelt; das ist für mich das Schönste. Vorher ist es aber notwendig, die Spannung auszuhalten, Verantwortung zu übernehmen und doch in erster Linie Freund zu sein. Die Autorität engt Dich ein und macht einsam, die Freundschaft aber trägt und befreit Dich. So wirkt auf mich das Wort Jesu „Ihr sollt euch nicht Vater nennen lassen" entlastend. Es stiftet eine Beziehung, über die er selber sagt: „Der Größte von euch soll euer Diener sein." Es entsteht wie von selbst eine Geschwisterlichkeit, in der es doch Väter und Mütter gibt.

Dein Georg

Aktiv glauben

Ist die charismatische Erneuerung mein Weg?

Lieber Georg,

nun bin ich schon seit sechs Jahren bei der Charismatischen Erneuerung dabei, und trotzdem, wenn mich jemand fragt, ob ich auch aus diesem Kreis komme, bin ich lieber etwas zurückhaltend. Es gibt einige Seiten der Erneuerung, die ich voll unterstütze, und auch einige, von denen ich mich lieber absetze. Ich möchte Dir meine gemischten Erlebnisse und Gefühle schildern.

Letzten Herbst war ich mit auf Einsatz in einem Mädcheninternat, das eigentlich ganz auf „Evangelisation" ausgerichtet ist. Ich führte schon lange vorher große Diskussionen, ob Evangelisation überhaupt betrieben werden darf, und wenn ja, wie. Ich sträubte mich dagegen, zu jemandem hinzugehen und ihm zu sagen, er hätte nicht den richtigen Glauben, er müßte meinen übernehmen. Vielleicht aber kann man nur so die Leute aus ihrem eingefahrenen Glauben herauslocken? Doch da stellt sich mir gerade bei der Charismatischen Erneuerung die Frage, ob der „neue" Glaube tatsächlich freier ist. Oder drängt man die Leute nur in ein neues Schema, das vielleicht zeitgemäßer ist? Ich habe das Gefühl, daß von einigen Leuten immer neu ausgetüftelt wird, was gemacht werden darf und was nicht. Es gehört zum Beispiel dazu, eine Lebensübergabe zu machen, regelmäßig eine stille Zeit für sich einzurichten, die Bibel zu lesen, einen Hirten zu haben, mit dem man über seine Probleme spricht und der einem sagt, was zu tun ist. Es gilt, evangelisieren zu wollen, von seinen alten Freunden Abschied zu nehmen und sich ganz von der Charismatischen Erneuerung „aufschlucken" zu lassen.

Dann wehte bei uns eine Zeitlang noch ein Wind von „Jugend mit einer Mission", die verkündete, daß jede beginnende Beziehung zwischen Mann und Frau, Junge und Mädchen zur Ehe führen muß, weil das Gottes Wille ist. Daraufhin wurden viele bis dahin gut funktionierende Freundschaften aufgelöst, mit der Begründung, jeder müsse erst einmal allein für sich im Glauben wachsen. Ich steckte damals gerade in einer besonderen Zwickmühle, denn ich war mit jemandem befreundet, der kein Charismatiker war und mit dem es auch so schon nicht leicht war. Doch ich hatte mir vorgenommen, eine Beziehung nicht wieder abzubrechen, bevor sie richtig begonnen hatte. Das hat mich alles belastet.

Ich denke, gerade in ganz persönlichen Dingen ist es schon zweifelhaft, ob man allen dasselbe Lebensmuster auftragen soll. Das betrifft gerade Freundschaften, Sexualität, Heilungen, die Fähigkeit, frei in einer Gruppe zu beten, Handauflegungen, Zungengebet und Visionen, die Leute während des Gebetes haben. Diese Visionen zeigen eindeutig Gottes Willen, wie die Gruppe als nächstes zu handeln hat. Außerdem bestätigt Gott das Tun der Gläubigen, indem er ihnen für ihr Vorhaben das nötige Geld zukommen läßt, um das sie ihn in ihren Gebeten bitten. Mir imponiert dieses Vertrauen immer wieder, sei es bei Geldbitten, bei Heilungsgebeten, ja bei gigantischen Visionen. Und ich glaube auch, daß dies den Einzelnen sehr viel für ihren Weg mitgibt. Doch glaube ich, daß hinter dem Ganzen letztlich ein sehr menschlicher Wille dahin-

tersteht. Und wenn ich die Leute näher kenne, die solche Visionen haben, dann denke ich mir oft, der stellt sich nun wirklich vor, daß es so eintreten wird, und so tritt es auch ein.

So hat sich nun teilweise eine ganz eigene Sprache entwickelt, bei der ein Stück Heiligkeit mitschwingt. Einige Beispiele: Wenn ein Mädchen und ein Junge sich finden, so ist ihr Gefühl füreinander kein Verliebtsein, sondern die Verbindung durch den gemeinsamen Glauben und den Heiligen Geist. Oft können solche Pärchen besser miteinander beten als zueinander zärtlich sein und sich wertschätzen. Oft wird der Wert des anderen an der Stärke seines Glaubens gemessen. Oder wenn jemand einen Entschluß gefaßt hat, dann sagt er nicht: „Ich habe mich entschieden", sondern: „Mir ist im Gebet gezeigt worden." Alles wird sehr im Passiv formuliert. Der Mensch rückt aus dem Geschehen heraus, der Heilige Geist wird als Verursacher aller Abläufe gesehen. Gerade in unserer Gruppe verletzt mich das, ehrlich gesagt, schon sehr, weil ich das Gefühl habe, nicht ich bin ihnen wichtig, sondern nur das gemeinsame Erlebnis. Ich bin ja dann ersetzbar. Auch die Gebete laufen nun oft mehr in die Richtung, daß das eigene Leben zurückgenommen und Gott in den Vordergrund gebracht wird. Nur habe ich im stillen Gebet oft die Erfahrung gemacht, daß Gott erst dann wirkt, wenn ich ihm von meinem alltäglichen Leben erzählt habe. So komme ich zu überzeugten Dankgebeten, die mir dann aus dem Herzen sprechen.

Noch etwas: Der Charismatischen Erneuerung wird oft der Vorwurf gemacht, daß viele sonst nicht sehr lebenstüchtige Menschen sich zu ihr hingezogen fühlen. Aber vielleicht sind es gerade die Schwachen, die für Gott offen sind, die er gebrauchen will. „Laß dir an meiner Gnade ge-

nügen, denn meine Kraft, die ist im Schwachen mächtig." Genau dieser Zwiespalt ist es, in dem ich nun schon seit Jahren stehe: Inwieweit muß ich schwach sein, muß ich Gott wirken lassen, ich als sein Werkzeug? Je schwächer ich selber bin, um so mehr setze ich auf die Kraft Gottes. Andererseits spüre ich auch oft meine eigenen Kräfte, die ich nicht brachliegen lassen will. Gerade beim Verliebtsein sind es doch meine ureigenen Kräfte, wo ich mir nicht zuerst noch die Erlaubnis einholen muß, ob ich nun verliebt sein darf oder nicht. Ich lasse mich auch gerne in Richtungen treiben, lasse mich auf Sachen ein, wo mein Kopf mir sagt, das wird nicht der richtige Weg sein, aber die Neugierde zu groß ist. Soll ich da sagen: „Gott läßt mich meine Erfahrungen machen", oder: „Führe mich nicht in Versuchung"?

Ich habe nun mein Abitur hinter mir und werde nach München zum Studium gehen. Dort könnte ich bei einer Gruppe der Charismatischen Erneuerung einziehen. Es sind Studenten, die auf ganz neue Weise den Glauben in die Pfarrgemeinde hineintragen wollen. Ich weiß nicht, ob ich mich ganz auf diese Lebens- und Denkweise einlassen kann und will. Das ist jetzt ein langer Brief mit vielen Fragen. Es gäbe noch mehr. Ich werde sehnsüchtig auf Deine Antwort warten. Es war toll, das alles einmal in so einem Ablauf niederzuschreiben. Danke!

Deine Carolin

Liebe Carolin!

Du hast mir Deine Gedanken zur Charismatischen Erneuerung geschrieben. Ich bin begeistert von der Art und Weise, wie Du das Gute und auch das nicht so Gute dabei siehst und gegeneinander abwägst. Zum Guten gehört, daß das Leben geformt wird durch die Gebetszeiten, die Bibellesung, daß selbst in der Partnerbeziehung Gott in der Mitte ist und nicht erst nachträglich dazukommt. Zum Guten gehört, daß in der Charismatischen Erneuerung die gefühlsmäßigen Kräfte auf den Glauben hin geöffnet werden. Es beeindruckt mich, wie in Heilung, im Zungengebet und sogar in Visionen die Nähe unseres Gottes erfahren wird. Ja, ich glaube wirklich, daß die Erfahrungen, wie Du sie schilderst, mit dem Heiligen Geist zu tun haben. Diese tiefen und befreienden Erlebnisse machen erst jene Gemeinschaft möglich, in die Du eingebunden bist.

Als Gefahr siehst Du, daß das, was in der Charismatischen Bewegung geschieht, eher eine autoritäre Struktur hat. Das widerspricht Deiner Sehnsucht nach Freiheit und dem, was Paulus gesagt hat: „Zur Freiheit hat uns Christus befreit." Es ist nie gut, wenn eine Bewegung diese Freiheit einschränkt. Darin drückt sich ein Mißtrauen gegen die Einzelne oder den Einzelnen aus, und es besteht tatsächlich die Gefahr, daß die Person, die erwachsen und selbständig werden soll, „aufgeschluckt" oder vereinnahmt wird. Du spürst, daß dieses Problem akut wird in der Frage der persönlichen Beziehungen und in der Frage, was ich den anderen bedeute. Mögen sie mich so, wie ich bin, auch unabhängig von meinen Charismen und von meiner Fähigkeit zu beten?

Du nennst als persönliches Problem den Zwiespalt zwischen Deinen eigenen Kräften und der Kraft Gottes, auf die wir vertrauen sollen. Gott will – glaube ich – auf keinen Fall, daß wir künstlich schwach werden. Er will, daß wir stark sind und unsere Kräfte entfalten. Nur so können wir uns für eine gerechtere Welt einsetzen, für all die Menschen, die benachteiligt sind und unsere Hilfe brauchen. Als Antwort auf Dein Problem fällt mir ein Wort des heiligen Ignatius von Loyola ein: „Du sollst so auf Gott vertrauen, als ob alles von ihm abhinge, und doch sollst du wissen, daß alles von dir abhängt." Interessanterweise wird dieser Satz auch umgekehrt überliefert: „Du sollst dich so einsetzen, als ob alles von dir abhinge, und doch sollst du wissen, daß alles von Gott abhängt." Übersetzt auf Deine Beziehung zur Charismatischen Erneuerung heißt das: Du wirst für die anderen in der Gruppe um so wertvoller sein, je mehr Du zu Deinen eigenen Gefühlen stehen kannst und doch Dich der Gemeinschaft nicht verweigerst. Je größer die Probleme sind, je autoritärer eine Gruppe ist, um so nötiger hat sie die Kritik aus der Gemeinschaft heraus. Diese Kritik, wenn sie von innen kommt und in Liebe geschieht, kann Mangelerscheinungen ausgleichen und verändern.

Die Charismatische Erneuerung braucht unbedingt junge Menschen, die den Mut haben, sie selber zu sein und in der Gemeinschaft das Amt des Propheten zu wagen. Prophet ist ein einzelner, der sich aus Liebe gegen die anderen stellt. Paulus hat dieses Amt in seiner Religionsgemeinschaft übernommen. Er wurde verfolgt, weil er den Mut hatte, in einer Gemeinschaft, die ganz auf Gott ausgerichtet war, kritisch zu sein und gegenzusteuern. Er hat auf das eigene Gewissen gehört und Fragen an seine Gemeinschaft gestellt, damit sie nicht erstarrt und selbstzufrieden wird. Damit sie sich nicht abkapselt. Er hat für eine Gemeinschaft gelebt, die befreit und nicht einengt. Beim Amt des Propheten kannst Du an Jesus selbst denken, der gesagt hat: „Wehe dir, Jerusalem, wenn du die Propheten, die zu dir gesandt sind, steinigst und tötest!" (Lk 13). Das ist kein Verdammungsurteil gegen die Stadt Jerusalem, sondern eine Aussage über das notwendige Schicksal aller, die sich von Gott zur Kritik berufen wissen, die vom eigenen Gewissen her gegen den allgemeinen Trend Fehlhaltungen aufdecken. Das Leid des Propheten liegt darin, daß meist erst nach seinem Tod sichtbar wird, daß er die Wahrheit gesagt hat. Aus diesem Grund hat er immer das Schicksal des Außenseiters, der in seiner Verkündigung anstößt und in Schwierigkeiten gerät. Jesus selbst ist dafür das stärkste Beispiel.

Diese prophetische Haltung durchzieht Deinen Brief. Es ist der Wunsch nach Freiheit und das Vertrauen auf Gott, der in uns wohnen will und der uns groß machen will. Ich wünsche Dir, daß Du in diesem tiefen Vertrauen Deinen Weg weitergehst. Du wirst dadurch den anderen einen Dienst tun und selber in den Konflikten wachsen. Der Geist Gottes selbst wird Dir Schritt für Schritt zeigen, ob es für Dich der richtige Weg ist. Vielleicht besteht Deine Aufgabe darin, „Salz" in der Charismatischen Erneuerung zu sein. Ich würde mich freuen, wenn es Dir gelingt, weil sehr viel Großes und Gutes von dieser Bewegung ausgeht. Die Gefahr der Charismatischen Erneuerung aber hat ein Ordensoberer so ausgedrückt: „Wenn bei unseren Versammlungen Charismatiker dabei sind, dann hat man bei den Sitzungen immer das Gefühl, nichts Richtiges oder Wichtiges zu tun, weil wir nicht in der Form der Gemeindeerneuerung beten, sondern an irgendwelchen weltlichen und alltäglichen Problemen arbeiten. Vielleicht weil wir nicht so sind wie sie." Erkennst Du in dieser praktischen Frage auch Dein Problem wieder? Der Reichtum der Charismatischen Erneuerung darf nicht dazu führen, daß sich andere bei ihnen minderwertig oder ausgeschlossen fühlen. Du kannst mithelfen, daß die Zusammenarbeit mit anderen

Gruppen partnerlich und das Gespräch zu einer gegenseitigen Befreiung und Weiterführung wird.

Liebe Carolin, ich fühle mich Dir durch mein Amt in der Sozialarbeit nahe, wo ich wie Du versuche, die Nähe unseres Gottes erfahrbar zu machen und niemanden davon auszuschließen. Denn ich bin fest davon überzeugt, daß die Liebe Gottes niemanden ausschließt und sich auch nicht nach Begabungen richtet. Bleiben wir verbunden und wagen wir, aus der Unterscheidung der Geister und aus dem Mut des Glaubens uns einzubringen und Widerstände und Konflikte in Kauf zu nehmen.

Dein Georg

Lebensentscheidung

Jeder hat eine Berufung

Lieber Pater Georg,

in den letzten Tagen, kurz vor meinem 22. Geburtstag, stellt sich mir wieder besonders die Frage nach meiner Lebensgestaltung, nach meiner Zukunft. Dabei weiß ich nicht viel mehr als vor einigen Jahren. Es hat sich für mich irgendwie nichts geändert, ich stehe immer noch genauso da, ohne weitergekommen zu sein. Ich glaube, daß mein größtes Problem dabei die Angst ist, mich an etwas oder jemanden zu binden. Ich kann mir zwar zwei Wege vorstellen: eine Familie gründen oder in eine Ordensgemeinschaft eintreten, aber bei beiden Wegen ist im Vordergrund nicht das Schöne und Entscheidende, was mich erfüllen kann und meinem Leben Sinn und Freude schenkt, sondern immer die Angst und Sorge, dort nicht glücklich zu werden. Zum Beispiel die Vorstellung, mit einem Mann vielleicht 50 Jahre zusammenleben zu müssen, oder in einem Orden keine Freunde, keine Gemeinschaft zu finden, die Ehelosigkeit nicht auszuhalten und so weiter. Im Moment bin ich froh, nicht noch weitere Bindungen und Verpflichtungen auferlegt zu bekommen, als ich sie schon von der Familie, den Freunden, der Universität habe. Gleichzeitig merke ich aber, daß diese Freiheit, die ich suche, nicht das Wahre ist, sondern mich noch mehr verunsichert. Aber wenn ich bisher irgendwelche Entscheidungen getroffen habe, habe ich es immer schnell bereut. Ich habe immer das Gefühl, daß ich dadurch, daß ich mich für jemanden oder etwas entschieden habe, alle und alles verliere. Mit Freundinnen und Freunden geht es mir oft so, daß ich sie mit allen Mitteln an mich binde – und mich an sie, und dann lasse ich sie wieder fallen.

Im Umgang mit Männern habe ich, so glaube ich, nur Fehler gemacht: Ich weiß nicht warum, aber nach einer bestimmten Zeit geht mir jeder auf die Nerven, und ich merke, daß ich die Nähe zu einem anderen schwer aushalte. Auf Dauer ist es für mich belastend und nervend, das Leben mit einem anderen zu teilen. Er stellt an mich und meine Freiheit – so meine ich – zu hohe Ansprüche. Dann ziehe ich mich zurück, und der andere verzweifelt. Für mich ist das eine nicht leichte, aber eher „coole Sache" – der andere zerbricht. Besonders unerträglich wird es für mich, wenn ich merke, daß ich um den anderen nicht jeden Tag kämpfen muß. Deswegen sind zur Zeit alle Beziehungen eher distanziert, ich lasse keinen so richtig an mich heran, aber das Gefühl, „unerreichbar" zu sein, ist auch furchtbar. Ich will aber mit keinem mehr spielen, vielleicht habe ich das bisher, und so blocke ich jede engere Beziehung ab.

Das sind die Männer bei mir. Jetzt die Ordensgemeinschaft: Vielleicht warte ich doch auf so ein Bekehrungserlebnis wie der Sturz vom Pferd bei Paulus? Ich denke, daß für ein Leben im Orden Überlegungen allein nicht ausreichen; mir fehlt die innere Stimme, oder wie ich das auch nennen soll. Die Lebensform reizt mich schon. Besonders einige Ordensfrauen und -männer begeistern mich und machen mir Mut, so zu leben. Ich wünsche mir eine Gemeinschaft, in der ich Freunde, Trost, Miteinander in Freud' und Leid finde. Ich habe Träume von einem Leben, das von Gott getragen ist, das aus dem Gebet wächst, wo Jesus mein Bruder ist. Es gibt viele Heilige, die mich faszinieren. Aber ich kann doch nicht in eine Gemeinschaft eintreten, nur weil mich der Ordensgründer begeistert, in der ich jedoch niemanden kenne! Und eine weitere Frage: Bin ich geeignet, in so einer Gemeinschaft zu leben? Mir fehlt das Gefühl der Reife und der Würde für einen solchen Schritt. Und: Wenn ich auch jetzt ehelos lebe, weiß ich nicht, ob das momentan nur zufällig ist, weil es eben gerade so ist, oder ob ich es so will.

Ich hoffe, Du verstehst, um was es mir geht. Vielleicht kannst Du mir helfen durch ein Wort. Ich danke Dir, daß ich bei Dir mitleben darf im Jugendhaus der Caritas. Hier hat sich schon vieles in meinem Leben verändert. Kannst Du mir helfen, meinen weiteren Weg zu finden?

Ganz liebe Grüße, *Deine Ruth*

Liebe Ruth!

hoffentlich komme ich noch zurecht mit meinen Geburtstagswünschen! Ich verspreche Dir mein Gebet für Deine Zukunft, ich danke Gott für Dich und dafür, daß er uns zusammengeführt hat. Deine Mitarbeit und tägliche Liebe in der Arbeit für die Jugendlichen, die uns anvertraut sind, sind für mich lebenswichtig. Ich danke Dir für die Lebensgemeinschaft und das Vertrauen, das Du mir auch mit Deinem Brief geschenkt hast. Du hast mir die Frage gestellt, ob Du heiraten oder in eine Ordensgemeinschaft eintreten sollst. Unter beiden Rücksichten hast Du ganz offen von Deiner Angst gesprochen, Dich zu binden. Du hast negative Erfahrungen gemacht mit

Freunden, was Dich jetzt unsicher und einsam macht. Wie gerne würde ich Dir helfen, Deinen Weg in Zukunft zu finden!

Offen gesagt, aus meiner Sicht habe ich keine Angst um Dich und Deine Zukunft. Du weißt doch genausogut wie ich, wie leicht es für Dich ist, Menschen zu gewinnen, wieviele Menschen Dir vertrauen. Auch mit Gruppen und mit schwierigen Menschen hast Du keine Probleme, überall kannst Du Dich einbringen und wirst angenommen. Wie wenige Menschen bist Du stark in der Liebe. Vielleicht ist es diese Stärke und dieser Reichtum, der Dich bedroht und Dir Angst vor einer Entscheidung macht. Eine Entscheidung erscheint Dir als übergroß und gefährlich, weil Du allen Deinen Reichtum verlieren könntest, wie Du schreibst. Nun glaube ich, daß das Leben weniger aus Entscheidungen besteht, sondern ein langer Weg ist. Deshalb sprechen wir von der Biographie. Das Leben zeichnet einen Weg, der sicher Windungen macht und Kreuzungen hat, aber normalerweise keine abrupten Sprünge macht. So ist, glaube ich, Dein Leben nicht sosehr von einer Entscheidung, sondern von einem Weg geprägt, den Du erkennen sollst und der Dich in die Zukunft führen wird. Was heißt das? Entscheidungen sind immer in Gefahr, den Charakter des Spieles zu haben, wie Du selber bemerkt hast. Eigene Interessen, die man über- oder unterbetonen kann, spielen bei Entscheidungen oft eine starke Rolle. Demgegenüber ist das Bild vom Weg, von der Biographie nüchterner und objektiver. Da geht es mehr darum, zu sehen, wie der bisherige Weg ausschaut, und dies läßt auch erkennen, wie er weitergehen wird. Es geht nicht so sehr um etwas ganz anderes oder Neues, sondern vielmehr um die Frage, wie das bisherige Leben seine natürliche und ruhige Fortsetzung findet. Für Dich konkret heißt das: Du kannst Dich für die Ehe oder für eine Ordensgemeinschaft entscheiden, in beiden Fällen wirst Du Deinen bisherigen Weg fortsetzen. Wie auch immer Du Dich entscheiden wirst, es geht um die Fortführung Deiner vielen Kontakte und Beziehungen, die alle miteinander verwoben sind. Wenn Du nun eine Entscheidung triffst, trittst Du in ein neues Beziehungsfeld ein, aber Deine bisherigen Beziehungen werden Dich weiterhin bestimmen und tragen. Deshalb würde ich die Entscheidung, das „Entweder-Oder", das Dich so ängstigt, nicht so übergroß sehen. Es geht nicht um einen Sprung oder Abbruch, sondern um eine Fortführung in einem – freilich neuen – Beziehungsfeld. Du wirst Dir die Frage stellen müssen: Wie will ich mit den vielen Beziehungen umgehen, die mein Leben und meinen Reichtum ausmachen? Sie werden nicht wegfallen, sondern umgestaltet durch eine Entscheidung, die Du triffst. Bei einigen Beziehungen wirst Du spüren, daß Du sie zurückdrängen oder vielleicht sogar aufgeben mußt. Andere Beziehungen wirst Du von Deiner Entscheidung her weiterführen, vielleicht sogar intensivieren oder auch in einer ruhigen und distanzierten Form beibehalten. Von Deiner Entscheidung her wirst Du auch spüren, daß bestimmte Kontakte eine neue Bedeutung für Dich bekommen, daß Du sie stärker pflegen wirst. Wenn Du eine Entscheidung triffst, wird sich eines verändern, das bist Du. Du wirst die kindliche Rolle ablegen und als Frau allen Deinen bisherigen Freunden und Gruppen, zu denen Du gehörst, entgegentreten. Eine Entscheidung wird Dich fähig machen, ihnen Deine unterschiedlichen Wünsche und Erwartungen zu verstehen zu geben. Sie werden deutlicher als bisher wissen, wie sie mit Dir dran sind. Viele Mißverständnisse werden Dir und ihnen erspart werden. Wenn sich die vielen Beziehungen für Dich durch eine Entscheidung ordnen und in ihrer Bedeutung abstufen, wird auch die Überforderung abnehmen. Du selber wirst Deine Stärkung erleben und besser umgehen können mit all Deinen Mitmenschen. Die Sehnsucht, eine Entscheidung zu treffen, wird Dich nicht mehr länger stressen und überfordern. Auch nach der Entscheidung oder gerade dann wirst Du sehen, daß Du für alle Menschen da bist, denen Du begegnest. Daß es immer darauf ankommt, ihnen gerecht zu werden.

Du machst Fehler, und die Menschen, denen Du begegnest, machen Fehler. Trotzdem mußt Du aktiv in die Zukunft gehen. Deine Freiheit ist größer, als Du jetzt empfinden kannst. Du magst die Freiheit verspüren, wenn Du weißt, daß es bei Entscheidungen nicht um ein großes Entweder-Oder geht, sondern eher um kleine Punkte, die den Blick auf alle Beziehungen, die aber bleiben, verändern. Ich wünsche Dir, daß Du in ganz kleinen Punkten Entscheidungen triffst und Dich nicht vom Bild großer Entscheidungen lähmen läßt. Ich möchte dies mit einem möglichen Bild Deiner Zukunft ausmalen. Du kannst in viele Gemeinschaften eintreten, in jeder wirst Du entdecken, daß es dort Gutes und Schwieriges gibt. Mit beidem wirst Du umgehen können, wenn Du Deine Entscheidung, eine solche Gemeinschaft kennenzulernen, als einen Schritt Deines Lebens und nicht als Dein ganzes Leben anschaust. Deine Entscheidung, eine solche Gemeinschaft kennenzulernen, ist zunächst nur der eine Schritt, mit dem Du Deinen bisherigen Reichtum und Dein gesamtes bisheriges Beziehungsfeld, das zu Dir gehört und das Du nicht abstreifen kannst oder mußt, konfrontierst mit neuen Beziehungen und einem neuen Beziehungsfeld. Du kannst Dich überraschen lassen, was sich aus dieser Konfrontation ergibt. Du und die Gemeinschaft werden dadurch eine Veränderung und einen Impuls erfahren. Wenn Dein Schritt richtig ist, wird er ruhig und eher unauffällig an Dein bisheriges Leben anknüpfen und gerade nicht das sein, was Du fürchtest, ein Bruch oder eine radikale Entscheidung, die aus Dir einen ganz anderen Menschen macht. Du sollst Dir selbst treu bleiben, etwas anderes ist nicht möglich, zumindest nicht heilbringend. Letztlich will ich Dir mit meiner Antwort sagen, daß Du ja sagen sollst zu Deinem bisherigen Leben und vielleicht mit noch mehr Mut all Deine bisherigen Beziehungen weiterpflegen sollst. Wenn Du eine Entscheidung wagst, wirst Du spüren, wie dieser Mut in Dir wachsen wird, wie all Deine Beziehungen, die Du schon hast, eine neue Farbe und neuen Wert bekommen.

Liebe Ruth, ich warne Dich also vor einer Entscheidungsromantik und möchte Dir lieber das Bild vom ruhigen Weg nahebringen, der aus kleinen Entscheidungen besteht. Und diese Entscheidungen bestehen im wesentlichen in der ruhigen Fortführung und Aufnahme des bisherigen Weges. Dein bisheriger Weg muß Dir viel Mut machen, er weckt jedenfalls bei mir und vielen große Erwartungen.

Zu Deiner Situation fällt mir die Begegnung des reichen Jünglings mit Jesus ein. Der reiche Jüngling hat alle Gebote erfüllt und alles getan, was verlangt ist. Trotzdem hat ihm das Entscheidende, das Jesus von ihm will, noch gefehlt: die Hingabe. Er hätte nur noch ja sagen müssen, ja zu seinem bisherigen Weg, ohne noch etwas Neues zu tun. Dann hätte er die Freundschaft und Liebe Jesu erfahren und genießen können. Ihm ist aber dieses

Ja nicht gelungen, und das hat ihn trotz seines guten Lebens, trotz seiner Begabung und Leistung in Traurigkeit versinken lassen. Vielleicht wäre ihm die Entscheidung leichter gelungen, wenn er darin nicht etwas so Großes und einen Bruch gesehen hätte, sondern hätte erkennen können, daß Jesus von ihm nur ein Wort der Liebe, ein Wort der Freundschaft – dieses kleine Wagnis – verlangt hat, daß alles andere schon durch seinen Lebensweg vorgezeichnet war.

Liebe Ruth, wie auch immer – ich gehe gerne den Weg mit Dir in die Zukunft. Weil ich so sehr auf den Weg vertraue, rechne ich auch mit unserer bleibenden Gemeinschaft. Das freut mich sehr.

Dein Pater Georg

Selbstbesinnung

Sind Exerzitien für mich das Richtige?

Lieber Georg,

wie kann ich lernen, an Gott zu glauben? Du wirst Dich vielleicht über diese Frage wundern, aber sie ist für mich sehr wichtig. Du weißt, daß ich sehr religiös erzogen wurde. Als Kind mußte ich jeden Sonntag zur Kirche gehen, und später war ich in katholischen Internaten. Aber all dies war immer mit Zwang verbunden und mir eigentlich immer sehr lästig. Statt einen Zugang zum Glauben zu bekommen, wuchs meine Aversion gegen Kirche, Glauben und alles, was damit zusammenhängt. Aber nicht nur gefühlsmäßig sträube ich mich dagegen, sondern auch verstandesmäßig habe ich große Schwierigkeiten. Ich verstehe die Bibel nicht, all die Widersprüche, die ich dort zu sehen glaube. Und mit Jesus als „Wundermacher" und „Zauberer" kann ich mich auch nicht anfreunden. Ich glaube, die Menschen haben damals alles, was sie sich nicht erklären konnten, für ein Wunder gehalten: Blitz, Sonnenfinsternis usw. Heute können wir fast alles erklären, und da bleibt dann halt zu wenig Platz für Wunder. Vielleicht gibt es deshalb so wenige …

Mir ist klar, daß man Gott nicht verstehen kann. Man kann ihn nicht experimentell nachweisen. Er ist mit Logik nicht zu fassen. Man kann Gott nicht wissen, sondern nur an ihn glauben. Das ist mein Problem. In meinem Leben versuche ich, alles zu verstehen, alles lo-

gisch zu erklären, alles zu begreifen. Da tu ich mich dann verdammt schwer, irgend etwas „nur" zu glauben. Da sträube ich mich dagegen, obwohl es sehr schön und befreiend sein muß, an Gott glauben zu können. Kann man glauben lernen? Wenn ich das frage, habe ich ein komisches Gefühl. Ich will und ich sträube mich gleichzeitig. Diesen Widerspruch kann ich Dir schwer erklären. Aber vielleicht ist das so wie beim Skifahren. Da muß man mitten in der Nacht aufstehen, das warme, gemütliche Bett verlassen, Stunden mit dem Auto fahren, raus in die Kälte und am Lift womöglich noch anstehen. Und für das zahlt man dann auch noch.

Lauter grausige, unlogische Sachen, wenn da nicht dieses einmalige Erlebnis wäre! Dieses Erlebnis fehlt mir im Glauben. Gibt es denn nicht so einen „Skikurs" für den Glauben? Einen Kurs, der Spaß macht und zum Weitermachen motiviert und nicht frustriert. Bei Euch Jesuiten hab ich schon öfters etwas von den „Exerzitien" gehört. Ist das nicht so ein „Glaubenskurs für Anfänger", oder ist das nur etwas für Jesuiten und Fortgeschrittene? Vielleicht kannst Du mir darüber etwas sagen und auch, ob so etwas für mich in Frage kommt.

Dein Stephan

Lieber Stephan!

Du hast mir von Deinen Glaubensproblemen erzählt und zugleich von Deiner Sehnsucht, an Gott glauben zu können. Du sehnst Dich nach dieser Erfahrung, die schön und befreiend ist. Aus dieser Spannung heraus ist Dir klar geworden, daß Du dafür etwas tun mußt, wenn Du das Geschenk des Glaubens erlangen willst. Du

stellst die Frage, wie man den Glauben lernen kann. Dein Beispiel vom Skifahren zeigt, daß Du auf dem richtigen Weg bist. Es geht um das Tun. Es sind Übungen notwendig und die Entscheidung, so etwas auf sich zu nehmen.
Glauben kann nur dem geschenkt werden, der bereit ist, zu lernen. Unter der Vielfalt solcher Lernprozesse, zu denen zum Beispiel das tägliche Beten, das Leben in einer Gemeinde, das Interesse an der Bibel oder der soziale Einsatz gehören, sind auch die Exerzitien zu nennen. Wenn ich Dir jetzt dazu eine Kurzinformation schreibe, dann ist das nichts anderes als die Einladung, an diesem Punkt mit dem Üben zu beginnen. Da ich Dich kenne, darf ich vorneweg schon sagen: Die Exerzitien des Ignatius sind für Dich – jetzt mit Deinen 22 Jahren – eine besonders geeignete und intensive Form, den Glauben einzuüben. Für Jüngere sind die Exerzitien des Ignatius noch nicht so geeignet, sie brauchen eine andere, eine mehr jugendgemäße Form, um aus dem Alltag herauszutreten und Zeit und Raum zu haben für Gott. Ich will Dir beide Formen kurz erklären. Für Jugendliche ist die Kommunikation eine Hilfe, um den Glauben zu vertiefen. In einem Jugendkurs wird die Kommunikation verstärkt, mit psychologischen und gruppendynamischen Methoden intensiviert und auf bestimmte Themen ausgerichtet, um Antworten und Vertiefung im Glauben zu finden. Es wird Raum für Themen geschaffen, die sonst eher verdrängt werden. Es soll eine Gemeinschaft aufgebaut werden, in der man auch über den Glauben reden und sich ganz persönlich austauschen kann. So wird in der Gemeinschaft der Weg zu Gott gesucht. Ein anderer Weg sind die Exerzitien des heiligen Ignatius von Loyola (1491–1556). Er hat den Weg des Schweigens gewählt. In

der Stille sollst Du zum Hörer werden, um Gott Raum in Deinem Leben zu geben. Für diesen Weg hat Ignatius Regeln gegeben, die ich Dir skizzieren will, damit Du selbst beurteilen kannst, ob für Dich Exerzitien in der jetzigen Situation das Richtige sind.

Wie gesagt, ein erstes Wesenselement der Exerzitien ist das Schweigen. Wenn Du in das Schweigen hineingehst, verzichtest Du nicht auf die Kommunikation, sondern nur auf die Betätigung eines Sinnes, nämlich des Redens oder der Zunge. Damit aber machst Du die anderen Sinne frei. Das Hören, das Schmecken, das Tasten und Riechen wird intensiviert. Manche Ordensgemeinschaften haben das Schweigen als Lebensform gewählt, nicht um die Kommunikation mit der Welt abzubrechen, sondern um dadurch feinfühliger und offener, hörender auf die Welt hin zu werden. Sie nehmen bewußter als der normale Mensch die vielen Impulse wahr, die auf uns alle einströmen im Schweigen. Auch Jesus, Paulus und viele Heilige haben auf diesem Weg des Schweigens gelernt, zu Hörern zu werden. So sind sie zu Menschen geworden, die der Welt etwas zu sagen haben, die die Welt verändern konnten. Aus diesen Gründen ist das Schweigen eine Voraussetzung in den Exerzitien, ein erstes Grundelement.

Ein zweites Grundelement ist die Spannung zwischen den Übungen und der Freizeit während den Exerzitien. Das Wort Exerzitien (lat. exercitium) heißt Übung. Ignatianische Exerzitien sind Tage geistlicher Übung, die fünf bis zehn Tage umfassen, die „großen Exerzitien" dauern dreißig Tage lang. Ignatius selbst vergleicht die Exerzitien mit dem sportlichen Tun, mit dem Laufen und Marschieren. Ein bekannter Exerzitienmeister hat diese Übungen einmal mit dem Lernen des Klavierspielens verglichen. Du sollst in den Exerzitien bereit sein, einfach Übungen zu machen, ohne sofort die Schönheit des Musikstückes oder des Glaubens, den Du lernen willst, genießen zu können. Hier stimmt Dein Bild vom Skifahren sehr genau. Aber Du hast ein großes Ziel. Du willst einmal glauben können und den Glauben erfahren. So gehört zu den Exerzitien jeden Tag wesentlich die Stunde der Übung. Ignatius schlägt pro Tag sogar fünf Stunden vor, heute werden meist zwei solche Stunden gemacht und in kurzen Vorträgen des Exerzitienmeisters vorbereitet. In diesen Übungsstunden sollst Du Dich ganz mit dem Stoff beschäftigen, den Dir der Exerzitienmeister aus der Dynamik der Exerzitien anbietet. Wenn es Dir schwerfällt, eine solche Übung zu machen und eine Stunde lang dabei zu bleiben, dann rät Ignatius, sogar noch ein paar Minuten länger dabei zu bleiben, um in die Tiefe zu kommen. Die übrige Zeit des Tages dient der Entspannung. Du sollst das tun und suchen, was Dir am meisten hilft, um auch nach den Übungen in der Stille und bei Gott zu verweilen. Es kann sein, daß Du einen Gedanken der Übung weiterverfolgst. Es kann sein, daß Du betest oder spazierengehst oder in der Bibel liest. Entscheidend ist, so sagt Ignatius, was Dir am meisten gibt und hilft. Diese große persönliche und innere Freiheit ist wesentlich in den Exerzitien. Es geht um das Gegenüber von vorgegebener Übung und Zeit der Entspannung während des ganzen Tages.

Ein drittes Wesenselement der Exerzitien ist das biblische Erkennen. Die Übungen sollen Dir Erfahrungen eröffnen, die Erfahrung Deines Wesens und Deiner Ganzheit. Es geht also nicht sosehr um den Verstand bei den Übungen, sondern um das Herz und um das Erkennen mit dem Herzen. Als ganzer Mensch, vom Gespür und Gefühl her sollst Du vor Gott hintreten. Dabei wirst Du die Erfahrung von Trost und Mißtrost, von Trockenheit und Erlebnis, von guter und schlechter Stimmung machen. Du wirst konfrontiert mit den tiefen Dimensionen Deines Lebens, mit dem Bewußten und Unbewußten, mit Deiner ganzen Lebensgeschichte. Wenn Du diese Dimension in Deinem Leben berührst, lernst Du in einer tiefen Weise auf Gott zu hören und in den biblischen Betrachtungen Jesus zu sehen.

Ein weiteres Wesenselement, das zu den Exerzitien gehört, ist die Rolle des Meisters oder, wie man heute gerne sagt, des Begleiters. Er oder sie geben Dir oder der Gruppe die Anregungen für die Betrachtungen. Diese meist biblischen Anregungen folgen einer bestimmten Dynamik der Exerzitien, die Ignatius nicht selbst geschaffen, sondern übernommen hat. Zunächst geht es um die Reinigung, die Nachfolge, und um die Wahl, dann um die Einigung mit Christus und aus dieser Einigung heraus um das Hinaustreten in die Sendung. Aus den Erfahrungen der Exerzitien soll sich für Dich eine veränderte Einstellung zur Welt, ein verändertes Handeln, ein vertiefter Glaube ergeben. Auf diesem Weg begleitet Dich der Exerzitienmeister, indem er Dir inhaltliche und methodische Tips gibt, indem er Dir auch in persönlichen Glaubensfragen und im Beten als Gesprächspartner hilft.

Die Übungen in den Exerzitien sind zugleich eine Gebetsschule. Du lernst, mit all Deinen persönlichen Fragen und Schwierigkeiten, die Du in den Exerzitien vielleicht besonders spürst, ins Gespräch zu kommen und ins Gebet. Auf diese Weise lernst Du für Dein Leben. Du lernst, Dich tiefer erkennen und verstärkt Deine Beziehung zu Gott zu spüren. Deshalb soll am Beginn der Exerzitien ein einziger Vorsatz stehen, der lautet: Ich will mich für eine bestimmte Zeit ganz frei machen, ich will alles beiseite lassen, was mich ablenkt. Ich will die Zeit einfach herschenken, um auf mich selbst, auf meine Beziehungen, auf den Schöpfer und Herrn meines Lebens hin offen zu werden. Anders gesagt lautet der einzige Vorsatz, den Du fassen sollst: Ich will Jesus mehr lieben lernen. Dafür ist es notwendig, „indifferent" zu werden, um an der richtigen Stelle der Exerzitien die Frage nach der persönlichen Entscheidung, nach der Wahl stellen zu können.

Diese angedeuteten Wesenselemente der Exerzitien aber versteht nur der, der die Übung macht. Den Mut dazu wünsche ich Dir von ganzem Herzen. Mit Deiner Frage und Sehnsucht nach dem Glauben und nach Deinem Weg bist Du sicher einer, der großen Nutzen aus diesen Übungen ziehen wird. Aus den Exerzitien entsteht meist etwas. Ich erwarte auch, daß unsere Freundschaft dadurch Nahrung und Tiefe bekommt. So freue ich mich auf den Erfahrungsaustausch mit Dir.

Dein Georg

Schluß

Das Zehnwort vom Sinai

Das Erste

Ich bin dein Gott, ich habe einen Namen. Mein Ziel ist es, dich aus der Knechtschaft zu befreien. Ich will, daß du erwachsen bist und deine Welt, die meine Schöpfung ist, gestaltest.

Das Zweite

Deshalb soll dir mein Name etwas Heiliges sein. Ich will, daß du zu mir eine Beziehung der Liebe aufbaust, und vor allem, daß du dir von mir kein Bild machst. Denn in der Liebe bedeutet jedes Bild vom anderen das Ende der Beziehung.

Das Dritte

Deshalb will ich, daß du dir jeden siebten Tag Ruhe gönnst und auch allen diese Ruhe schenkst, die mit dir das Leben teilen. Denn du kannst kein Partner sein für mich, wenn du im Streß und im Jagen nach Erfolg untergehst.

Das Vierte

Du wirst die Kraft haben, deine Eltern anzunehmen und ihnen Zukunft und Heimat zu schenken. So wirst du von ihnen Leben und Glück empfangen.

Das Fünfte

Du wirst die Kraft haben, die Lebenschancen der anderen zu erhöhen. Du wirst Schwache schützen, Frieden stiften und kein Leben zerstören.

Das Sechste

Du wirst die Kraft zur Treue in all deinen Beziehungen haben – sogar dann, wenn es für dich wie eine Lebensminderung aussieht und eine Belastung bedeutet. Die Beziehung und die Körpersprache sind für dich eines.

Das Siebte

Du wirst nicht Menschen unterdrücken und bestehlen, sondern ihre Würde achten. Du wirst in ihnen meine Kinder sehen.

Das Achte

Du wirst den Mut zur Wahrheit haben – auch dort, wo es dich in Konflikte und Benachteiligungen bringt. Du wirst zur Ungerechtigkeit nicht schweigen.

Das Neunte und das Zehnte

Du wirst nicht neidisch sein und nicht in Begierde auf das Glück anderer schauen. Du wirst nicht den Esel, das Haus oder gar Beziehungen des Nächsten zerstören.

Diese Worte habe ich in dein Herz geschrieben, damit du den Weg in der Wüste, den Weg durch alle Versuchungen und Belastungen im Vertrauen auf meine Liebe wagst und aushältst. Ich bin mit dir auf diesem Weg. Jesus ist der Weg, in ihm habe ich mich dir geoffenbart.